AF355102

Convivialisme

Per un món postneoliberal

Internacional Convivialista

Convivialisme

Per un món postneoliberal

Segon Manifest

Internacional Convivialista

MONTABER

Col·lecció: Maieutikos
Director: David Soler

CONVIVIALISME. PER UN MÓN POSTNEOLIBERAL
1.ª edició, 2020

Primera edició en francès del Second Manifeste Convivialiste, per Actes Sud 2020
Text copyright © Actes Sud, 2020
© d'aquesta edició, ICG Marge, SL

Edita: Montaber | Marge Books
València, 558 - 08026 Barcelona
Tel. 931 429 486 - montaber@montaber.es
www.montaber.es

Traducció al català: Lurdes Casadevall i Ricard Ripoll
Coberta: Jordi Gambús
Compaginació: Mercedes Lara
Impressió: Prodigitalk, SL (Martorell, Barcelona)

ISBN edició impresa: 978-84-17903-67-1
ISBN edició digital: 978-84-17903-68-8
Dipòsit Legal: B 17709-2020

El paper emprat en aquest llibre no ha estat blanquejat amb clor elemental (Cl_2).

Índex

CONTACTE

Les persones interessades en comentar el llibre o en promoure el convivialisme ens trobem en el grup de Telegram: @convivialisme.

Per a més informació, info@convivialisme.cat.

Presentació a l'edició catalana

E N començar el confinament, un grup de persones* provinents d'un col·lectiu que promou la lluita noviolenta vàrem recollir diverses opinions sobre les causes i els efectes de l'anomenada pandèmia. I entre les respostes sobre com convertir la crisi en oportunitat d'un canvi de rumb, una bona amiga ens parlà de la molt recent publicació en francès del *Segon Manifest Convivialista* (febrer de 2020).

El manifest posa les bases filosòfiques d'un món interdependent, postneoliberal i postcreixement que afronti l'emergència climàtica, l'augment escandalós de desigualtats, la concentració de riquesa i poder o la pèrdua de democràcia. Estableix cinc principis que incorporen les aportacions del liberalisme, de l'anarquisme, del socialisme, del comunisme i de l'ecologisme. I, també, destaca un imperatiu categòric: evitar l'excés, la desmesura, l'arrogància *(l'hybris)*.

Es presenta com una via i un marc per enfortir aquelles persones i organitzacions que volen construir un món

---

*Josep Busquets, Jordi Camprubí, Lurdes Casadevall, Feliu Madaula, Xavier Majó, Martí Olivella, Sandra Saura i Joan Tarrida, info@lluitanoviolenta.cat.

postneoliberal per encarar els enormes reptes del nostre temps. Presenten el convivialisme com la filosofia política de l'art de conviure (viure amb), que permet als éssers humans competir per una millor cooperació, progressar com a humanitat amb consciència plena de la naturalesa finita dels recursos naturals i amb la certesa compartida de la necessària cura dels altres i del món; i, això, sense negar la legitimitat del conflicte, fent-ne un factor de dinamisme i de creativitat, que permeti oposar-nos sense matar-nos.

Ens sobtà positivament que aquest manifest havia estat elaborat durant una dècada amb les aportacions de 275 personalitats de 33 països; intel·lectuals i activistes amb diferents sensibilitats i procedències transformadores, com Alberto Acosta, Marcos Arruda, Geneviève Azam, Michel Bauwens, Leonardo Boff, Alain Caillé, Mathieu Calame, Noam Chomsky, Denis Clerc, Eugenia Correa, Federico Demaría, Shirin Ebadi, Chistian Felber, Susan George, Daniel Innerarity, Eva Illouz, Christian Laval, Gus Massiah, Marguerite Mendell, Edgar Morin, Chantal Mouffe, Kari Polanyi, P.V. Rajagopal, Mathieu Ricard, Marshall Sahlins, Saskia Sassen, Sidharta, Boaventura de Sousa Santos, Patrick Viveret, Juliette Weber, Chico Withaker, Jean Ziegler...

Per últim, crida a organitzar una Internacional Convivialista que pugui ajudar a enquadrar les infinites lluites i alternatives que busquen construir un món que superi l'hegemonia capitalista neoliberal.

Ens hem dedicat durant molts anys a intentar recollir i generar propostes innovadores per posar les bases d'un nou model d'organització social des de diverses organitzacions o iniciatives. Ara, aquest 2020, hem vist i viscut les enormes febleses d'una civilització hegemònica arrogant, però també hem experimentat els canvis en molts àmbits que semblaven impossibles. Aquest Manifest ens mostra que tenim capacitat de sortir del soroll que ens atordeix per així poder assumir la responsabilitat i la capacitat de contribuir a fer un món habitable per a tothom.

La lectura del Manifest ha generat un equip que, més enllà de fer-ne la traducció i la publicació, s'està motivant a endegar un projecte per integrar iniciatives semblants i contribuir a plantejar les bases d'un nou model glocal (global-local) de societat, fins i tot, de civilització.

Esperem que la teva lectura també susciti l'afany de contribuir a superar un món estructuralment desequilibrat que tant patiment evitable provoca.

MARTÍ OLIVELLA
Barcelona, juliol de 2020

Convivialisme

Per un món postneoliberal

Pròleg

UNA mica per tot arreu, en els països més rics, el jovent comença a mobilitzar-se per exigir que els Estats i les grans empreses es decideixin finalment a lluitar contra l'escalfament climàtic i contra la degradació irreversible de l'entorn natural. Aquesta joventut té raó, és el seu futur el que està en joc. Segons un nombre creixent de científics, ens queden pocs anys per canviar les dinàmiques que governen actualment el món i evitar el pitjor. Ja no n'hi ha prou amb paraules i proclamacions plenes de bones intencions honestes que no tenen mai cap efecte. Els ajornaments són insuportables.

En altres països, a l'Àsia, al Magrib o a l'Orient mitjà, el jovent s'alçava ahir contra els tirans o les dictadures. Avui encara s'alça al Sudan, a Xile, a l'Iran o a Algèria, sense aconseguir evitar, la majoria de vegades, que uns nous dictadors succeeixin als antics.

En altres llocs, en els països més pobres o en aquells on hi ha guerres civils sagnants imperdonables (que són freqüentment els mateixos), no hi ha cap altra solució, ni cap altra esperança que l'exili.

Vet aquí tres joventuts que s'ignoren. Tanmateix, els seus combats, les seves esperances són indissociables. Aquestes tres joventuts guanyaran juntes o perdran juntes.

El 1971, John Lenon compon *Imagine*, que esdevindrà al llarg dels anys una de les cançons més escoltades al món. De mica en mica, s'anirà posant atenció no tan sols a la melodia sinó també a les paraules (en aquella època érem optimistes): «*Imagine all the people living life in Peace [...] no need for greed or hunger, a brotherhood of man. Imagine all the people sharing all the world...*».[1] Cinquanta anys després, és més urgent que mai, no només imaginar i somiar un món en pau, sinó contribuir a fer-lo néixer com més aviat millor. Ara bé, imaginar-lo, simplement imaginar-lo, sembla difícil avui dia. Intentem-ho, tanmateix.

UN ALTRE FUTUR?

A què es podria assemblar un món així? Un món que no seria un paradís, introbable, un país de xauxa, sinó simplement un món plenament humà, un món efectivament possible. Un món en el qual, com declarava el president dels Estats Units, Franklin D. Roosevelt, el 1941, regnaria la llibertat d'expressió i la llibertat religiosa, i on estaríem protegits de les misèries i de la

---

[1] «Imagina tots els humans vivint en pau [...] que no hi hagués lloc per a la cobdícia ni per a la fam, tots els humans en solidaritat, compartint el mateix món...»

por.[2] Seguint el discurs de Roosevelt sobre aquestes quatre llibertats *(freedom of speech, freedom of religion, freedom from want, freedom from fear)*, una conferència internacional del treball, reunida a Philadelphia (Estats Units) el 10 de maig de 1944, va fixar els objectius generals de l'OIT (organització internacional del treball), preludiant així la Declaració Universal dels Drets Humans (1948). L'article 2 de la declaració de Philadelphia estipula: «Tothom té tots els drets i llibertats proclamats en aquesta Declaració, sense cap distinció de raça, color, sexe, llengua, religió, opinió política o de qualsevol altra mena, origen nacional o social, fortuna, naixement o altra condició».

Però la Declaració Universal dels Drets de l'Home, ara dita Declaració dels Drets Humans, no diu res a les joves generacions. Quan la coneixen sovint només hi veuen una retòrica buida, aviat desmentida pels fets. Per tant, traduïm en termes una mica més concrets i actualitzem. ¿És veritablement impossible imaginar un món en el qual el poder no fos reprès, massa sovint, per psicòpates ajudats per xarxes criminals amb la complicitat de l'exèrcit i la policia? ¿En el qual el poder finalment conquerit no es mantindria, en principi, gràcies a un control més o menys rigorós i visible exercit en els mitjans de comunicació, a detencions arbitràries, a la corrupció dels jutges i del conjunt del sistema polític, a la tortura i a

---

[2] Segurament alguns diran que es tractava d'un discurs propagandístic. Sigui el que sigui o el que en pensem, l'objectiu era just i ben formulat.

l'assassinat? ¿Un món en el qual no tots escaparíem de la pobresa, sens dubte, però en el qual ningú no es trobaria en un estat de misèria i en el qual cadascú (i cadascuna) podria viure del seu treball? ¿En el qual l'extrema riquesa que alimenta els fantasmes d'una humanitat engrandida, d'una sobre-humanitat per alguns i per tant d'una infra-humanitat per a uns altres, no seria més tolerada que la misèria? ¿En la qual no hi hauria ni dones ni homes «de més»? ¿Un món en el qual continuaríem discrepant sobre el sentit de la vida, però sense massacrar-se, i en el qual ens oblidaríem de les guerres civils i de les guerres de religió? De totes les guerres. ¿Un món en el qual els recursos i l'entorn naturals no serien sistemàticament sacrificats o saquejats en profit de les grans o no tan grans empreses? ¿Un món que sabria lluitar eficaçment contra l'escalfament global i les moltes degradacions ecològiques que s'acceleren? ¿Un món en el qual sabríem viure en harmonia amb la natura?

El que és curiós és que aquests ideals semblen lògics. Demostren un sentit comú molt elemental. Expressen bé el que nosaltres desitgem, o creiem desitjar. Tanmateix, la seva realització, fins i tot parcial, sembla totalment fora del nostre abast, quasi inconcebible. Sí, però, en el fons, per què? Existeix un destí, una fatalitat de la qual la humanitat no es pot escapar?

EL TOMB RECENT DEL MÓN

Reculem una mica en el temps. En els tres decennis posteriors a la Segona Guerra Mundial, els principis enunciats per la declaració de Philadelphia i després per la Declaració dels Drets Humans no sonaven gens com a paraules buides. Van ser ells els qui inspiraren oficialment les polítiques públiques i aquesta inspiració produïa efectes del tot concrets. Es tractava d'impedir que les democràcies occidentals tornessin a caure en els horrors totalitaris –nazisme i feixisme– que havien originat la Segona Guerra Mundial i causat desenes i desenes de milions de víctimes. Calia, igualment, evitar totes les seduccions que encara exercia l'altra variant del totalitarisme, el comunisme, que dominava Rússia, l'Europa de l'Est, la Xina i que amenaçava d'estendre's a països anomenats llavors «del Tercer món».

Amb la caiguda del mur de Berlín, el 1989, i l'esfondrament del comunisme a Rússia i a l'Europa de l'Est, el capitalisme, hom creia que anava de costat amb la democràcia –un capitalisme essencialment industrial i reglat–, ja no ha tingut cap més enemic palpable i localitzable. Fins al principi del segle XXI, politòlegs i filòsofs només parlarien de transició democràtica. Tots compartien a diferents nivells la convicció que, ràpidament, les dictadures que quedaven s'enfonsarien i que tots els països del món adoptarien la fórmula institucional que havia tingut un gran èxit a Occident: una barreja de democràcia parlamentària i de lliure mercat.

Però un cop desapareguts els enemics (i passat el temps del petroli a bon preu), les economies capitalistes van tenir menys necessitat de prendre's seriosament els drets humans i els principis democràtics. El capitalisme, més o menys reglat de després de la guerra, ha esdevingut un capitalisme rendista i especulatiu que extreu els profits no tant de la indústria com de la finança especulativa. Això genera un enriquiment literalment excessiu dels més rics, de l'1 %, i més encara del 0,1 % o de l'1 ‰. Ningú ja no ignora que una quarantena d'ultra rics posseeixen, ells sols, tant com la meitat més pobra de la humanitat, o sigui, 4 mil milions de persones. Dit d'una altra manera, 40 persones valen el mateix que 4 mil milions! Però tothom està tan esbalaït per aquestes xifres que desafien la raó, que ningú no sap què fer per oposar-s'hi. Aquest capitalisme especulatiu redistribueix cada vegada menys la riquesa que crea. Si bé beneficia les classes privilegiades o mitjanes dels països emergents, no impedeix l'empobriment dels pobres i de les classes mitjanes en els països més rics.

Lluny del fet que les democràcies o l'esperit dels drets humans guanyin terreny, són més aviat les dictadures o les democràcies anomenades «il·liberals», les «democradures», les que prosperen per tot arreu. El ric Occident es va convèncer i volia fer-nos creure que aportaria pau i prosperitat al món, però més aviat va sembrar la tempesta. No havent pogut mantenir la seva promesa, ha vist tornar-se contra ell tots els odis suscitats per la dominació colonial, o imperial, que ha exercit sobre el planeta durant diversos segles. El radicalisme islàmic d'Al-Qaida o de Daesh no és més que la part més visible i l'expressió més aterridora d'aquest odi.

EL TRIOMF DEL NEOLIBERALISME

Què ha anat malament? Què explica la fallida de les esperances que havia fet néixer la fi de la Segona Guerra Mundial? Moltes coses, la barreja de moltes causes. Però totes estan polaritzades per la realitat més gran del nostre temps: la subordinació del planeta sencer i de totes les esferes de l'existència humana a les exigències d'un capitalisme ara més que mai rendista i especulatiu. El triomf d'aquest nou tipus de capitalisme també té moltes causes. Però una d'elles és tan essencial com mal compresa i mal percebuda: el poder de les idees (quan les defensen persones i mitjans concrets i quan s'apoderen de les masses). *I, a partir d'ara, el poder de les idees neoliberals.* Aquesta és la raó de ser d'aquest *Manifest del convivialisme.* De fet, és el poder de la ideologia neoliberal el que ha obert la via a aquest capitalisme d'un nou tipus, un capitalisme en estat pur, alliberat de totes les restriccions morals o polítiques que l'obstaculitzaven encara fins als anys 1980-90. És doncs a aquesta ideologia que cal ser capaç de respondre.

Totes les idees, tots els *ismes* estan subjectes a múltiples discussions i definicions possibles. Això és cert del capitalisme (o de l'anticapitalisme), i fins i tot del neoliberalisme que ha conegut diferents fases històriques i diverses formulacions. Però el neoliberalisme actual es caracteritza per la conjugació de les sis proposicions o axiomes següents:

- No hi ha societats (*«There is no such thing as society»*, deia Margaret Thatcher), ni col·lectius, ni cultures, només hi ha individus.
- L'ambició, l'afany de lucre és bo. *Greed is good.*
- Com més s'enriqueixin els rics, millor serà, perquè tots ens en beneficiarem per un efecte de degoteig *(trickle-down effect).*

- L'única manera de coordinació desitjable entre els subjectes humans és el lliure mercat i sense restriccions i aquest (incloent-hi també el mercat financer) s'autoregula tot sol pel gran bé de tots.
- No hi ha límits. Sempre més, és necessàriament sempre millor.
- No hi ha alternativa (*«There is no alternative»*, com encara ho proclamava Margaret Thatcher).

Per a aquells, nombrosos, que dubtarien del poder de les idees i dels valors, de la força amb la qual actuen sobre els nostres comportaments, recordem que cap d'aquestes sis proposicions no era majoritàriament, ni de bon tros, considerada certa o justa entre el 1944 i els anys 1970-80. En economia, la doctrina que dominava, inspirada sobretot per John Maynard Keynes, atorgava un paper important a l'Estat i a la seva acció redistributiva. Una trentena de personalitats, reunides a Suïssa l'any 1947, van crear el que es diria la Societat del Mont-Pèlerin per acabar amb el keynesianisme i, a través d'ell, amb totes les polítiques d'orientació més o menys soci-aldemòcrata. Entre aquestes personalitats, hi havia els economistes Friederich von Hayek i Milton Friedman, el filòsof de les ciències Karl Popper i altres noms ben coneguts entre els quals hi hauria futurs «premi Nobel» d'economia. Aviat secundada per grans empreses i riques fundacions, la Societat del Mont-Pèlerin, encara molt activa avui, aniria minant a poc a poc el consens keynesià i imposant una nova visió del món i de la humanitat, una nova manera de comprendre les qüestions humanes. És aquesta nova manera d'intel·ligibilitat, aquesta nova raó del món, la que exerceix a partir d'ara a escala planetària allò que el filòsof Antonio Gramsci anomenava *l'hegemonia*, el control de les idees i del cervell. Una hegemonia que cal qüestionar amb urgència, explicitant els fonaments d'un nou tipus d'intel·ligibilitat del nostre temps i de la nostra condició. No ens podem conformar amb un retorn al Keynesianisme o als *ismes* del passat.

PER QUÈ EL CONVIVIALISME?

Els joves dels països rics són cada vegada més conscients dels reptes climàtics i mediambientals, però encara els costa entendre que la seva sort també està lligada a la dels joves que, en altres llocs, busquen alliberar-se de les dictadures o que es veuen obligats a emigrar. Els partits ecologistes tenen cada vegada més audiència a Occident però el problema de preservar la natura no constitueix en si mateix una política. L'ecologisme, tot sol, no és ni de lluny, suficient per respondre al neoliberalisme. Ara bé, si volem tenir una oportunitat de fer front a l'amenaça que la dominació mundial del capitalisme rendista i especulatiu fa volar sobre el futur de la humanitat, ens cal més que mai una filosofia política alternativa al neoliberalisme. Una filosofia que no es limiti a denunciar la falsedat de les seves sis proposicions centrals, sinó que dibuixi efectivament els contorns d'un altre món possible, més humà, viable, en el qual tots o l'enorme majoria, s'hi puguin reconèixer i viure més bé compartint el problema de salvar allò que pot i ha de ser, encara, salvat tant del nostre medi ambient com dels quatres tipus de llibertat, evocats per Roosevelt. Per arribar-hi, ens cal superar el sentiment d'impotència que tots compartim.

Aquest *Segon manifest del convivialisme* esbossa els contorns d'aquest altre món possible, d'un món postneoliberal. L'any 2013, apareixia el *Primer manifest del convivialisme*, subtitulat *Declaració d'interdependència*.[3] El seu punt de partida ja era la certesa que allò que els manca més als milers o a les desenes de milers d'associacions o de xarxes, a les desenes o a les centenes de milions de persones d'arreu del món que busquen escapar del control del capitalisme neoliberal, allò que els impedeix coordinar-se i que els condemna a una forma d'impotència, és l'absència d'un consens explícit i clarament compartit sobre alguns valors o principis centrals. És la manca d'una filosofia política *(largo sensu)* alternativa al neoliberalisme.

Que l'acord sobre alguns principis centrals, sobre els perfils d'una filosofia política postneoliberal sigui no només desitjable sinó efectivament possible, és el que ha provat la redacció d'aquest primer manifest, elaborat i cosignat[4] per

---

[3] Le Bord de l'eau, 2013. Aquest segon manifest pot ser considerat com una declaració reforçada d'interdependència.

[4] Claude Alphandéry, Geneviève Ancel, Ana Maria Araujo (Uruguai), Claudine Attias-Donfut, Geneviève Azam, Akram Belkaïd (Algèria), Fabienne Brugère, Alain Caillé, Barbara Cassin, Philippe Chanial, Hervé Chaygneaud-Dupuy, Ève Chiapello, Denis Clerc, Ana M. Correa (Argentina), Thomas Coutrot, Jean-Pierre Dupuy, Francesco Fistetti (Itàlia), Anne-Marie Fixot, François

seixanta-quatre intel·lectuals crítics, ben coneguts, majoritàriament francòfons, sorgits una mica de totes les tendències d'esquerres, i recollint també la simpatia de persones o d'intel·lectuals més aviat considerats com de centre o fins i tot de dretes. La seva idea central era que el triomf del capitalisme rendista i especulatiu ha de ser comprès com la conclusió i el punt culminant d'una aspiració de l'espècie humana a la desmesura. Per oposar-s'hi i sobrepassar-lo, no n'hi haurà prou amb denunciar, ritualment i estèril, els malvats capitalistes, sinó que caldrà preguntar-se sobre les causes d'aquests excessos i sobre els mitjans per evitar-los sense sacrificar la nostra aspiració a la llibertat.

Per què un *Segon manifest del convivialisme?* Perquè el primer no era suficientment internacional, tot i que va ser traduït a una desena de llengües i va ser objecte de llibres i discussions en alemany, portuguès (Brasil), espanyol, italià i japonès. I és que *el convivialisme, filosofia de l'art de viure junts,* de la

---

Flahault, Jean-Baptiste de Foucauld, Christophe Fourel, François Fourquet, Philippe Frémeaux, Jean Gadrey, Vincent de Gaulejac, François Gauthier (Suïssa), Sylvie Gendreau (Canadà), Susan George (Estat Units), Christiane Girard (Brasil), François Gollain (Regne-Unit), Roland Gori, Jean-Claude Guillebaud, Dick Howard (Estats Units), Marc Humbert, Eva Illouz (Israel), Ahmet Insel (Turquia), Geneviève Jacques, Florence Jany-Catrice, Zhe Ji (Xina), Hervé Kempf, Elena Lasida, Serge Latouche, Camille Laurens, Jean-Louis Laville, Jacques Lecomte, Didier Livio, Paulo Henrique Martins (Brasil), Gus Massiah, Dominique Méda, Marguerite Mendell (Canadà), Pierre-Olivier Monteil, Jacqueline Morand, Edgar Morin, Chantal Mouffe (Regne-Unit), Yann Moulier-Boutang, Osamu Nishitani (Japó), Alfredo Pena-Vega, Bernard Perret, Elena Pulcini (Itàlia), Ilana Silber (Israel), Roger Sue, Elvia Taracena (Mèxic), Frédéric Vandenberghe (Brasil), Patrick Viveret.

convivència, només té sentit si tothom s'hi pot reconèixer en tots els països. Era doncs necessari ampliar considerablement el cercle d'autors i les fonts d'inspiració. A més, pel que fa a un conjunt de punts, el primer manifest indicava orientacions que encara són pertinents però que podien semblar massa imprecises, massa indeterminades en l'àmbit teòric i, d'altra banda, insuficientment concretes. Aquest segon manifest recupera l'estructura i una part del que hi havia escrit en el primer, enriquint-lo i precisant-lo considerablement a partir dels intercanvis fets, des de fa sis anys, entre autors i militants d'associacions, simpatitzants del convivialisme de tots els països. Davant de l'acceleració del canvi climàtic i de l'erosió creixent dels ideals humanistes i dels principis democràtics, hi ha la urgència de posar-se d'acord, a escala mundial, sobre els valors essencials de la supervivència material i moral de la humanitat, i sobre les vies del seu progrés en termes de civilització i d'art de viure. En tota convivialitat.

Per últim, aquest manifest és el resultat d'un treball de discussió col·lectiva conduïda, en primer lloc, per intel·lectuals. Uns intel·lectuals una mica particulars. Intel·lectuals o universitaris inquiets pel bé comú i compromesos en múltiples accions col·lectives. Per què precisar-ho i explicar-ho? Perquè els intel·lectuals o els universitaris tenen freqüentment mala premsa. I cada vegada més. Sovint per bones raons. Els acusen de perdre's en especulacions estèrils que no arriben mai a bon port, se'ls retreu raciocinar i creure's superiors a la resta del món. Aquest no és el cas dels que es van reunir aquí per escriure aquest nou manifest. Ells no es creuen pas més intel·ligents que qualsevol (tampoc menys...) Simplement, per professió, tenen memòria i estan, en aquest cas, ben situats per fer sonar l'alarma quan la necessitat es fa sentir i per imaginar un futur que no corri el risc de tornar a caure en les roderes del passat. I també, tenen el costum d'escriure i de treballar sobre les idees, aquestes idees que juguen un paper tan determinant a la història quan la majoria de gent se n'apodera.

Afegim que, perquè tots estan, d'altra banda, lligats activament a moviments ciutadans i cívics, amb múltiples iniciatives que inventen cada dia alternatives portadores de sentit i de benestar, no es conformen amb denúncies estereotipades de mercats o del capitalisme que no porten enlloc i que tampoc diuen quin altre tipus de societat podem, raonablement, esperar construir. Quin altre tipus de societat *hem* doncs de començar a construir al més aviat possible.

Així doncs res no és més urgent que elaborar un pensament i nova manera alternativa de comprendre el món a aquelles que el neoliberalisme ha sabut imposar a tot el planeta. Necessitem una filosofia política (en el sentit ampli del terme), i aquesta no podrà pas consistir en un simple retorn al socialisme, al comunisme, a l'anarquisme o al liberalisme clàssic. Aquestes grans ideologies de la modernitat no estan a l'altura dels problemes que hem d'enfrontar. No ens han dit res, de fet, de la relació desitjable amb una natura que no és clarament inesgotable; res tampoc decisiu pel que fa a la relació entre homes i dones; i menys encara sobre la manera correcta de pensar la diversitat de les cultures.

Ja és hora d'esbossar un avenç col·lectiu decisiu en el camp de les idees, que no serà el resultat de la simple suma d'anàlisis desenvolupades per tal o tal filòsof, economista o sociòleg individual, per justes que siguin. Perquè no n'hi haurà prou que aquestes anàlisis siguin correctes. Si ho són, caldrà, a més a més, que siguin àmpliament acceptades i compartides, i si és possible a escala mundial. Aquesta és l'aposta del *Segon moviment del convivialisme:* presentar-se com el resultat de la feina d'un col·lectiu intel·lectual. En aquesta tasca, que reuneix personalitats intel·lectuals o morals i també activistes, escriptors i artistes, de notorietat internacional, cap d'ells ha intentat escombrar cap a casa insistint en la seva petita diferència (com és sovint el cas en el terreny intel·lectual). Tots, al contrari, han acceptat privilegiar les idees que comparteixen. Sense exagerar, es pot així dir que aquest *Segon manifest del convivialisme* és el manifest d'una Internacional informal en formació.

Una internacional que tan sols pretén estendre's per esdevenir un referent per a tothom. Ja que és cap aquí on apunta aquest *Manifest convivialista:* enunciar, el més clarament possible, idees simples i justes a l'altura dels reptes dels nostres temps, que, de mica en mica, puguin conduir a una mutació radical i a mobilitzacions decisives de l'opinió pública mundial. Correspon als nostres lectors d'apropiar-se'n i de fer-se-les seves si, com esperem, aquestes idees els diuen alguna cosa.[5]

---

[5] Per començar, caldria consultar les webs dels convivialistes (www.convivialisme.org i www.lesconvivialistes.org) que donen a conèixer el seu suport, les seves objeccions o proposicions.

Introducció

QUE n'és d'estranya i desconcertant la nostra situació! Des de la Il·lustració, el món estava situat sota el signe del progrés. Tanmateix, un cert nombre d'aquests progressos han portat catàstrofes. Mai no hem tingut tantes raons per creure en el Progrés, però tampoc mai la humanitat no ha tingut tantes bones raons per tenir por de les catàstrofes que podrien posar en perill, fins i tot, la seva supervivència. Entre les promeses del present i les amenaces que pesen sobre el nostre futur, ja no sabem on situar-nos. Amb tot, cada dia les amenaces es fan més insistents.

LES PROMESES DEL PRESENT

Durant els darrers decennis, s'han dut a terme progressos socials o mediambientals importants, i res no impedeix, *a priori* i en principi, que no es perllonguin i no s'accentuïn encara més en els pròxims decennis.

- Segons l'ONU, des del 1990 l'extrema pobresa ha caigut més de 2/3 en el món i més de mil milions de persones n'han sortit. El nou objectiu anunciat per l'ONU és la seva erradicació a l'horitzó del 2030.

- Dels tres mil milions de persones que pateixen fam o malnutrició, prop de dos mil milions de persones n'han estat alliberades aquests darrers vint-i-cinc anys (al preu, és cert, d'una utilització massiva de pesticides).

- En vint anys, el nombre d'infants no escolaritzats ha disminuït a la meitat.

- En vint-i-cinc anys, la mortalitat maternal i la mortalitat infantil, ambdues, han estat dividides per dos (entre 1990 i 2015).

- En una mica més d'un segle, l'esperança mitjana de vida ha passat de trenta a setanta-un anys.

- Des del 1945, la taxa de morts violentes (a causa de les guerres o de la criminalitat) està en clar descens, a Europa en particular.

- Les indústries pràcticament ja no produeixen substàncies destructores de la capa d'ozó, que s'hauria de regenerar en la major part del globus abans del 2050. Així, prop de 25 milions de casos de càncer es podrien evitar.

- La qualitat de les aigües del Rin i del Sena, dos dels rius més contaminats del món fa una trentena d'anys, ha millorat clarament avui dia, fet que mostra que, en matèria ecològica, no sempre hi ha un destí fatal ni és irreversible.

De manera general, i per mirar decididament cap al futur, quantes promeses de realització individual i col·lectiva amaga el nostre món!

- L'extensió mundial del principi democràtic serà infinitament més llarga i més complexa del que alguns no haguessin pensat després de la caiguda del mur de Berlin el 1989, encara que només sigui pel fet que aquest principi ha estat viciat pels vincles amb un capitalisme rendista i especulatiu que l'ha buidat àmpliament del seu contingut i del seu atractiu. Tanmateix, encara és en nom de la democràcia que a qualsevol part del món hom es rebel·la, com certifiquen per exemple les revolucions àrabs, per incompletes o ambigües que siguin. Reprimides fins ara, reneixen sense parar de les seves cendres.
- Esdevé, doncs, realment desitjable acabar amb tots els poders dictatorials corromputs (avui dia a Bagdad, a Beirut, a Alger, a Hong Kong, a Santiago de Xile, etc.), gràcies, especialment, a la multiplicació de les experiències democràtiques de base i a la circulació multiplicada de la informació, fins i tot si, ara, assistim més aviat a un retorn de les dictadures, fet que fa encara més urgent l'ascens del convivialisme.
- La sortida de l'era colonial i el declivi de l'occidentalocentrisme obren una via a un veritable diàleg de civilitzacions que, en contrapartida, fa possible la vinguda d'un

nou universalisme. Un universalisme a diferents veus, un *pluriversalisme.*

- Aquest universalisme plural es construeix a partir del reconeixement d'una igualtat de drets i d'una paritat trobada finalment entre homes i dones. El reconeixement d'aquesta paritat ha fet progressos fulminants aquests darrers anys, fins i tot en els països de tradició islàmica que podien ser-hi més reticents. En aquest tema, el fenomen #MeToo, a Occident, representa un avenç decisiu, a partir del qual res no tornarà a ser igual.

- La nova consciència mundial que emergeix és, a la vegada l'expressió i el resultat de les noves modalitats de participació i d'habilitats ciutadanes que es recolzen en una consciència ecològica ara ja global, i que ha esdevingut particularment sensible en les joves generacions. Introdueixen en el debat públic el tema del «viure bé», del que és possible esperar del «desenvolupament» o del creixement, i dels seus límits.

- Les tecnologies de la informació i de la comunicació, quan no s'utilitzen amb una finalitat de manipulació i de control, multipliquen les possibilitats de creació i de realització personals, sigui en el terreny de l'art o del coneixement, de l'educació, de la salut, de la participació en els temes de la ciutat, de l'esport o de les relacions humanes en el món.

- L'exemple de Viquipèdia o de Linux i de les relacions *d'igual a igual* mostren l'extensió del que és possible realitzar en matèria d'invenció i de mutualització de les pràctiques i dels coneixements.

- La generalització de les formes de producció i d'intercanvi descentralitzades i autònomes fa possible la «transició ecològica», especialment en l'àmbit de l'economia social i solidària, on el compromís de les dones té un paper determinant.
- L'erradicació definitiva de la fam i la misèria constitueixen un objectiu accessible, a condició d'un repartiment més just dels recursos materials existents i en el marc de noves aliances entre els actors del nord i del sud.
- Cada vegada més, les malalties que abans eren mortals es curen o es controlen (la sida amb les triteràpies, alguns càncers, etc.), tot i que l'eficàcia altament decreixent dels antibiòtics i la pèrdua de la diversitat bacteriana a què indueixen, són alarmants.

LES AMENACES DEL PRESENT

Totes aquestes possibilitats no podran fer-se realitat fins que la humanitat aconsegueixi afrontar les terribles amenaces que s'aixequen davant seu i que posen en perill la seva supervivència a mitjà o llarg termini.

LES MÉS EVIDENTS SÓN EN PRIMER LLOC, ECOLÒGIQUES...

Atesa la seva estreta imbricació, és del tot justificat parlar d'una única i sistèmica amenaça: la dels impactes de l'activitat humana en el nostre nínxol ecològic. La humanitat viu per sobre de les seves possibilitats. L'any 2019, segons el Fons

Mundial per la Natura (WWF), havia consumit fins el 29 de juliol tants recursos naturals com els que la terra pot renovar durant un any (fins el 10 de maig en el continent europeu). L'any 1999, el «dia de l'excés de la Terra»[6] va ser el 29 de setembre. La llista de les principals amenaces ecològiques és ben coneguda:

- El canvi climàtic, els desastres de tota mena (naturals, humanitaris, socials, etc.) i les gegantines migracions que això comportarà.
- El declivi de la biodiversitat (un milió d'espècies animals o vegetals estan en perill d'extinció segons un informe molt recent de l'ONU).
- L'afebliment, a vegades irreversible dels ecosistemes naturals, l'artificialització galopant del sòl i la degradació i erosió a llarg termini dels sols cultivables.
- La desforestació, i especialment la de l'Amazònia (fortament accelerada d'ençà de l'arribada de Jair Bolsonaro a la presidència del Brasil el gener de 2019) que és una de les majors fonts d'oxigen pel planeta.
- La contaminació atmosfèrica que converteix l'aire de les grans ciutats cada vegada més irrespirable, especialment a Beijing, a Nova Delhi o a Mèxic.

---

[6] El «dia de l'excés» està calculat per les ONG WWF i Global Footprint Network sobre la base de tres milions de dades estadístiques tretes de 200 països (www.wwf.fr/jour-du-depassement).

- La disminució dels recursos pesquers (estocs de peixos), a causa de la sobrepesca i de la contaminació de les aigües.
- Les contaminacions esteses dels oceans i de les aigües continentals.
- L'acumulació dels residus en el medi ambient, començant pels residus plàstics que constitueixen un «sisè continent» en els oceans.
- El risc persistent d'una catàstrofe nuclear, sigui en forma d'accidents industrials com a Txernòbil, o naturals i industrials com a Fukushima, sigui com una guerra nuclear desencadenada per algoritmes incontrolables o per algun dictador embogit.
- L'escassetat dels recursos energètics (petroli, gas), minerals (especialment terres poc comunes) i agrícoles que han permès el desenvolupament, i els conflictes i les guerres que podrien seguir per accedir a aquests recursos.

El canvi climàtic resumeix i condensa, ell sol, el repte ecològic, a causa tant de la gravetat potencial de les seves conseqüències socials i humanitàries, com de la rapidesa amb la qual es manifestarà. Les conseqüències d'un escalfament, actualment de l'ordre de 1ºC pel que fa a les temperatures mitjanes a la superfície del globus durant l'etapa preindustrial, ja són, ara mateix, visibles. Ara bé, si no es tenen en compte els objectius de l'acord de París (2015) i si no es posen en marxa de manera immediata les mesures necessàries, s'espera un escalfament mínim de 1,5ºC entre el 2030 i el 2050 i de 3ºC d'aquí al 2100. Tenint en compte la inacció actual dels governs, els climatòlegs ja consideren aquesta darrera xifra, alarmant, com a massa optimista[7].

Els efectes físics de l'escalfament global són l'augment del nivell del mar, les catàstrofes naturals (invasions d'aigua salada i inundacions de zones costaneres, sequeres, dèficit o intensificació de les precipitacions, etc.), la degradació, i fins i tot la desaparició, de la biodiversitat i de certs ecosistemes, les pèrdues de productivitat agrícola, els problemes sanitaris, etc. Els efectes socials es poden mesurar amb l'augment anunciat de les migracions lligades al clima. Segons les previsions del Banc Mundial, més aviat optimista als ulls d'altres treballs de recerca, s'esperarien 143 milions de refugiats climàtics a partir del 2050. Un escenari més alarmista, fet pel col·lectiu d'investigadors independents Climate Central, i publicat el 29 d'octubre de 2019 a *Nature Communications*, estima que 300 milions de persones estan en risc de ser exposades cada any a inundacions d'aquí al 2050.[8] Segons l'Organització Internacional per les Migracions

---

[7] En el moment de la publicació final d'aquest llibre, la desena edició de l'*Emissions Gap Report del Programme des Nations Unies pour l'Environnement (PNUE)*, publicat el dimarts 29 de novembre de 2019 en ocasió de la 25a Conferència de les Nacions Unides sobre el Canvi Climàtic (COP 25), estimava que si els Estats no disminuïen les seves emissions de gas d'efecte hivernacle en un 7,6 % per any entre 2020 i 2030, la temperatura de la Terra podria augmentar 3,9°C d'aquí a l'any 2100, «la qual cosa comportarà grans i destructius impactes climàtics». El mínim que podem dir és que no anem pel bon camí. Les emissions han augmentat un 1,5% de mitjana aquests darrers deu anys, i un 3,2 % entre 2017 i 2018.
[8] Scott A Kulp, Benjamin H. Strauss, «New Elevation Data Triple Estimates of Global Vulnerability to Sea-level Rise and Coastal Flooding», *Nature Communications*. Cf. *Le Monde*, 31 d'octubre de 2019, p. 7.

(que depèn de l'ONU), els canvis climàtics podrien desplaçar prop de mil milions de persones d'aquí al 2050. No és exagerat dir que, al final d'aquest segle, el canvi climàtic és susceptible de posar en perill la supervivència de formes de vida civilitzades (i fins i tot de la humanitat).

No resoldrem pas aquest problema desvinculant el creixement del PIB del consum de recursos no renovables. Seria massa lent perquè fóssim capaços d'evitar ruptures importants. És del tot il·lusori comptar amb la innovació tècnica per deslligar el creixement econòmic i les emissions de gas d'efecte hivernacle. Els esforços que s'han dut a terme durant tres decennis per «descarbonitzar» el creixement han tingut, i només podran tenir, una eficàcia limitada.

No serà possible fer front a aquest immens repte sense posar en pràctica un conjunt de canvis tècnics, organitzatius i socials que suposin una transformació profunda de la lògica del sistema econòmic, a escala mundial.

El problema climàtic afecta de la mateixa manera tots els habitants del planeta i la seva solució passa, en conseqüència pels esforços de tots.

...PERÒ TAMBÉ ECONÒMIQUES, SOCIALS, POLÍTIQUES, MORALS

La sostenibilitat social del nostre model de desenvolupament no està més ben assegurada que la seva sostenibilitat ecològica. Només cal recordar la llarga llista de problemes, l'agreujament dels quals ja ha provocat una reculada general no només de les pràctiques sinó també dels ideals democràtics a escala mundial.

- El manteniment, l'aparició, el desenvolupament o el retorn de l'atur i de la precarietat, de l'exclusió o de la misèria, per tot arreu al món.

- Un atur que serà especialment important perquè una bona part del treball humà, no només per les tasques més simples i repetitives, corre el risc de ser substituït pels progressos exponencials de la intel·ligència artificial i de la robòtica. Una part notable de la humanitat podria llavors trobar-se en una situació d'inutilitat econòmica. Una situació com aquesta no s'ha produït mai i la seva aparició representaria un desafiament vertiginós.

- Un «gran repartiment», o més aviat una gran divisió, entre humans «acrescuts» pel domini i l'ús de la intel·ligència artificial i aquells que, no havent volgut o pogut seguir, es veuran, de cop, «minvats».

- Les diferències de riquesa convertides en desmesurades, arreu, entre els més pobres i els més rics, alimenten una lluita de tots contra tots, en una lògica d'ambició generalitzada i contribueixen a la formació d'oligarquies que s'allunyen, excepte amb paraules (i encara, cada cop menys) del respecte de les normes democràtiques.

- L'existència de desenes de multinacionals, començant per les GAFAM (Google, Amazon, Facebook, Apple i Microsoft) més riques i més poderoses que molts Estats, que prosperen fora de tota regulació democràtica alliberant-se de la majoria d'obligacions fiscals que li haurien de correspondre, fet que afebleix encara més els poders públics.

- El control de dades relatives a grans sectors de la població mundial per part de poques empreses gegants com són Facebook i Google o de règims autoritaris (per exemple, la puntuació sistemàtica dels ciutadans per part de les autoritats xineses).

- L'esclat dels conjunts polítics heretats, o la impotència per formar-ne de nous, que arrossega la multiplicació de guerres civils, tribals o interètniques, afegides les guerres de religió.

- La perspectiva d'un possible retorn de les grans guerres interestatals, que de segur serien infinitament més mortíferes que les precedents.

- El gran creixement dels exèrcits privats fora del control dels Parlaments. Alguns estan ja en condicions de mobilitzar mitjans pesats i de desestabilitzar un exèrcit regular.

- El desenvolupament planetari d'un terrorisme cec.

- La inseguretat creixent, social, ecològica, cívica a la qual responen els excessos de les ideologies de la seguretat.

- La proliferació de xarxes criminals ocultes i de màfies cada vegada més violentes.

- Els seus lligams confusos i inquietants amb els paradisos fiscals i les altes finances rendistes i especulatives.

- El pes creixent de les exigències d'aquesta alta finança rendista i especulativa sobre totes les decisions polítiques i econòmiques.

- El maltractament dels cossos i dels esperits sotmesos a una norma d'acceleració permanent.

- El risc d'esclat de les bombolles especulatives de les quals es nodreix el capitalisme dominant que enriqueix sempre més els més rics. Aquest esclat provocaria una crisi econòmica més important que la del 2008 i a la qual no es podrien posar els mateixos remeis –l'emissió monetària, el *quantitative easing*–, ja que són ells els que, multiplicant els crèdits sense cap lligam amb l'economia real, hauran justament provocat una crisi financera encara més forta que la precedent. Una crisi financera que de seguida correrà el risc de transformar-se en una crisi social, política i moral sense precedents des dels anys 1930 que van veure l'aparició dels règims feixistes.

Aquests dos tipus d'amenaces –ecològiques d'una banda i econòmiques, socials, polítiques i morals, de l'altra–, estan estretament lligades i es reforcen mútuament. Totes, d'una manera o d'una altra, estan relacionades amb l'explosió mundial de les desigualtats. Recordem-ho: 40 persones tenen tanta riquesa com quatre mil milions de persones. Dit d'una altra manera, una persona valdria tant com cent milions de les altres. Progressivament trobem, una mica per tot arreu, desigualtats econòmiques equivalents a les que hi havia en les dècades del 1900, però a un nivell absolut infinitament superior. Als Estats Units per exemple, als anys 1920, l'1 % dels més rics tenien el 40 % del patrimoni nacional. Aquesta xifra, que havia caigut fins al 20 % als anys 1970, ha tornat a pujar ara al 40 %. I l'1 % o en tenen, ells tots sols, el 20 %.[9] El valor de les 400 primeres fortunes arribava quasi a tres bilions de dòlars, el setembre de 2019, després d'haver-se

---

[9] Gabriel Zucman, a *Le Monde*, 15 d'octubre de 2019, p.28.

multiplicat per 2,3 en deu anys.[10] A França, segons la revista econòmica *Challenge*,[11] del 2008 al 2018, la suma acumulada de les 500 fortunes franceses més grans s'ha triplicat. Valorada en 650 mil milions d'euros el 2018, arribava al 30 % del PIB de França (el 2009 era del 10 % i el 1996 del 6,4 %).

Aquesta explosió de les desigualtats, que destrueix de soca-rel la creença en la democràcia i la confiança en les institucions, és igualment, per diverses raons, el primer factor del desajust ecològic i climàtic. I això perquè, d'entrada, els més rics són els que contaminen més. Caldrien cinc planetes per universalitzar la manera de viure i de consumir dels Estats Units, gairebé tres pel que fa als Europeus i més de dos per als Xinesos (prop de nou pels Qatarians...).

Davant de tots aquests perills, la «transició ecològica» o el «creixement verd» corren fortament el risc de no estar a l'altura del que està en joc. *A fortiori* si cap país no els posa realment en marxa. Per primera vegada a la història, la humanitat es veu objectivament i radical unificada per perills mortals, interdependents, que no es podran abordar si no és a escala mundial. El que suposa una presa de consciència també mundial i una caiguda de tots els valors dominants actualment.

Ens cal trobar, a partir d'ara, una altra manera de definir, explicar i fer compartir el que vol dir ser plenament humà i digne de la humanitat.

---

[10] *Le Monde*, 9 de novembre de 2019, p.16.
[11] Classificació 2019 de la revista, que publica cada any les xifres relatives a les 500 més grans fortunes professionals franceses.

1 El repte central

ES primeres amenaces del present són principalment d'ordre material, tècnic, ecològic, i econòmic. Les podríem qualificar d'amenaces *entròpiques*. Malgrat els enormes problemes que plantegen podríem potser aportar-hi, en principi, respostes del mateix ordre, tècniques, ecològiques i econòmiques. El que impedeix de fer-ho és, en primer lloc, el fet que moltes d'aquestes amenaces encara no són immediatament evidents per a tots i que és difícil mobilitzar-se contra riscos parcialment indefinits o de venciment incert. Una mobilització com aquesta no es pot concebre si no és en els termes d'una ètica del futur. El que ens paralitza, però, encara més profundament, és el fet que som incapaços d'imaginar respostes a un segon tipus d'amenaces, les amenaces d'ordre moral i polític. Unes amenaces que podríem qualificar d'*antròpiques*, que resulten directament de la manera en què els humans es pensen i es tracten els uns als altres. Els joves de nombrosos països comencen a alçar-se, amb una bona energia, per exigir polítiques fortes contra l'escalfament climàtic. Però no se'n sortiran si no prenen consciència del fet que el primer repte és el de la relació que la humanitat manté amb ella mateixa.

A partir d'ara ens hem de posar en posició d'afrontar una conclusió tan evident com dramàtica:

> La humanitat ha sabut fer progressos tècnics i científics extraordinaris però sempre ha estat incapaç de resoldre el seu problema essencial: com gestionar la rivalitat i la violència entre els éssers humans? Com incitar-los a cooperar donant el millor d'ells mateixos, permetent-los oposar-se sense massacrar-se? Com obstaculitzar l'acumulació de poder que pesa sobre els homes i sobre la natura, un poder que ja és il·limitat i potencialment autodestructiu? Si la humanitat no sap respondre ràpidament a aquesta qüestió, corre el risc de desaparèixer totalment o en part. I tanmateix, té totes les condicions materials perquè prosperi amb la condició que prenguem definitivament consciència de la seva limitació.

LES RESPOSTES EXISTENTS

Per encarar aquest problema, disposem de múltiples elements de resposta: els que han aportat al llarg dels segles les religions, les cultures, les morals, les doctrines polítiques, la filosofia i les ciències humanes i socials quan no han caigut en un sectarisme, un moralisme i un idealisme a vegades impotent, a vegades mortal, o, fins i tot, en un cientisme estèril. Convé ajuntar i explicar com més aviat millor tots aquests valuosos elements d'una manera que sigui fàcilment comprensible i compartible per a tothom arreu del món –la immensa majoria– que veuen com es desfan les seves esperances, que pateixen les actuals evolucions o les temen, i que desitgen contribuir, cadascú en la seva mesura i amb els seus mitjans, a la cura i preservació del món i de la humanitat.

Les iniciatives que van en aquest sentit són incomptables, portades per desenes de milers d'organitzacions o d'associacions i per desenes o centenars de milions de persones. Es presenten sota noms, sota formes o a escales infinitament variades: la defensa dels drets de l'home i de la dona, del ciutadà, del treballador, de les persones a l'atur o dels infants; l'economia social i solidària amb tots els seus components; les cooperatives de producció o de consum, el mutualisme, l'economia pel bé comú, el comerç just, les monedes paral·leles o complementàries, els sistemes d'intercanvi local, les múltiples associacions solidàries; l'economia de la contribució digital (cf. Linux, Viquipèdia, etc.); el decreixement i el postdesenvolupament; els moviments *slow food, slow town, slow science;* la reivindicació del *buen vivir*, l'afirmació dels drets de la natura i l'elogi de la Pachamama; l'altermundialisme, l'ecologia política i la democràcia radical, els Indignats, Occupy Wall Street; la recerca d'indicadors de riquesa alternatius, els moviments de transformació personal, de simplicitat voluntària, d'abundància austera, de diàleg de les civilitzacions, les teories del *care*, els nous pensaments dels procomuns, etc.

Perquè aquestes iniciatives tan riques puguin dificultar amb suficient força les dinàmiques mortíferes del nostre temps i que no quedin limitades a un paper de simple desacord o de tractament pal·liatiu, és crucial reagrupar-ne les forces i les energies, d'aquí la importància de subratllar i de dir allò que tenen en comú.

Això que tenen en comú és la recerca d'un *convivialisme* (adoptem aquest terme, ja que necessitem identificar un fons doctrinal mínim comú), d'un art de viure junts (*con-vivere*), d'un art de la *convivència* **que valori la relació i la cooperació, i permeti oposar-se sense massacrar-se, tenint cura dels altres i de la natura.** Oposar-se, perquè construir una societat que ignori el conflicte entre grups i individus seria no només il·lusori sinó també nefast. Aquest existeix necessàriament i naturalment en totes les societats. No només perquè sempre, i per tot arreu, els interessos i els punts de vista difereixen, entre pares i fills, grans i petits, homes i dones, entre els més rics i els més pobres, els més poderosos i els no poderosos, entre els més i els menys afortunats, etc., sinó que, en general, perquè cada ésser humà aspirant a ser reconegut en la seva singularitat, en resulta una part de rivalitat tan potent i primordial com l'aspiració, igualment compartida, a la concòrdia i a la cooperació.

La societat sana (sí, certes societats són més sanes que d'altres i algunes clarament menys) és aquella que sap fer justícia al desig de reconeixement de tothom, i a la part de rivalitat, d'aspiració a la superació permanent d'un mateix i d'obertura al risc que conté, impedint que es transformi en desmesura, en desig de poder absolut, en allò que els grecs anomenaven l'*hybris*,[12] afavorint-ne al contrari, l'obertura cooperativa als altres. Sap fer lloc a la diversitat dels individus, dels grups, dels pobles, dels estats i de les nacions, impedint que la pluralitat no desemboqui en la guerra de tots contra tots. En una paraula, cal fer del conflicte una força de vida i no de mort. I de la rivalitat controlada, un mitjà per afavorir la cooperació i restaurar la confiança. Una arma per conjurar totes les violències destructores.

Ja no tenim cap altra elecció que no sigui trobar ràpidament allò que es busca des del principi de la història de la humanitat: un fonament durador de l'existència col·lectiva, que sigui alhora ètic, econòmic, ecològic i polític. Aquest fonament, mai trobat realment o oblidat sempre massa de pressa, no seria una solució viable, si no ho és a gran escala. Ara bé, avui, cal raonar a escala de la humanitat sencera. Aquest fonament ha estat buscat i es busca encara en relació amb el fet sagrat, tant a través de les primeres religions com de les grans religions o quasi-religions universals: taoisme, hinduisme, budisme, confucianisme, judaisme, cristianisme,

---

[12] La millor traducció és sens dubte «deliris de grandesa», la certesa que res no pot o no s'ha d'oposar al sentiment o al desig de poder absolut del subjecte. Pels antics grecs, aquest deliri de grandesa conduïa ineluctablement el subjecte a la seva perdició. Nèmesi, la deessa de la venjança, era l'encarregada de llençar la ciutadania presa de l'*hybris* tan avall com aquesta havia cregut poder enlairar-se.

islamisme. Es busca, encara, en relació amb la raó, a través de totes les grans filosofies o de les morals seculars i humanistes. Es busca, resumint, en l'aspiració a la llibertat, a través de les grans ideologies polítiques de la modernitat: liberalisme, socialisme, comunisme o anarquisme. El que canvia cada vegada és l'accent més o menys fort posat en les obligacions o les esperances concedides respectivament a l'individu (la moral) o al col·lectiu (el polític), sobre la relació a tenir amb la natura (l'ecologia) i amb el fet sobrenatural (religió) o amb el benestar material (l'economia), segons escales espacials i demogràfiques diferents. No és el mateix, efectivament, aprendre a viure junts i a fer compatibles les identitats i les diferències no mortíferes, per a alguns, per a milions o per a milers de milions.

Aquí rau el primer problema que ens trobem: com resistir a la il·limitació del desig de poder, a l'*hybris?* No en sabem la resposta. Almenys, podem posar un nom per indicar la direcció cap a on cal buscar: convivialisme.

2 Del convivialisme

ONVIVIALISME és el nom que es dona a tot allò que contribueix, en doctrines i savieses, actuals o anteriors, laiques o religioses, a la recerca dels principis que permeten als éssers humans rivalitzar per cooperar millor i progressar en humanitat en la plena consciència de la finitud dels recursos naturals i en la preocupació compartida de la cura del món. Filosofia de la convivència, de l'art de viure junts, no és una doctrina nova que vindria a afegir-se a d'altres, pretenent anul·lar-les o sobrepassar-les radicalment. És el moviment de la interrogació recíproca basada en el sentiment de l'extrema urgència en què ens trobem, davant de múltiples amenaces que planen sobre el futur de la humanitat. Intenta conservar el més valuós que hi ha a cadascuna de les savieses de les quals som hereus.

Què hi ha de més bonic? I com definir-lo i aprehendre'l? A aquesta qüestió no existeix i no pot –i no ha– d'existir cap resposta única i unívoca. Correspon a cadascú decidir-ho. Tanmateix, existeix un criteri decisiu que podem agafar de cada doctrina en una perspectiva d'universalització (o de pluriversalització), tenint en compte, alhora, l'amenaça de la possible catàstrofe i l'esperança d'un futur millor. Cal conservar, sense cap dubte, allò que permet dominar la desmesura i el conflicte per tal d'evitar que degeneri en violència irreprimible; la qual cosa incita a la cooperació; obre el diàleg i la confrontació de les idees en el marc d'una ètica del debat.

Aquestes consideracions són suficients per definir els contorns generals d'una doctrina universalitzable adaptada a les prioritats mundials del moment, sabent que la seva aplicació concreta serà necessàriament local i conjuntural. I, fins i tot, sabent que existiran evidentment tantes variants diferents, eventualment conflictives, del convivialisme com del budisme, de l'islamisme, del cristianisme, del judaisme, del liberalisme, del socialisme, del comunisme, etc. (i recíprocament, de les variants budistes, islàmiques, liberals, socialistes, etc. del convivialisme). El convivialisme no pretén, en cap cas, anul·lar aquestes religions o aquestes doctrines. En el millor dels casos, pot ajudar a «superar-les» *(aufheben)*, altrament dit, a considerar-les en una perspectiva sintètica, ressaltant els punts de convergència per imaginar millor el futur.

CONSIDERACIONS GENERALS

L'única política legítima i també l'única ètica acceptable és la que s'inspira en els cinc principis següents: el principi de comuna naturalitat, de comuna humanitat, de comuna socialitat, de legítima individuació i d'oposició creativa. Aquests cinc principis estan subordinats a l'imperatiu absolut de domini de l'*hybris*.

- ***Principi de comuna naturalitat:*** l'ésser humà no viu al marge de la Natura ni pot pretendre fer-se'n «amo i possessor». Com tots els éssers vius, en forma part i n'és interdependent. Té la responsabilitat de tenir-ne cura. Si no la respecta, posa en perill la seva supervivència ètica i física.

- ***Principi de comuna humanitat:*** més enllà de les diferències de color de pell, de nacionalitat, de llengua, de cultura, de religió o de riquesa, de sexe o d'orientació sexual, només hi ha una única humanitat que ha de ser respectada en la persona de cadascun dels seus membres.

- ***Principi de comuna socialitat:*** els éssers humans són éssers socials pels quals la riquesa més gran és la riquesa de les relacions concretes que mantenen entre ells, en el marc de les associacions, de societats o de comunitats de mida i tipus variables.

- ***Principi d'individuació legítima:*** respectant aquests tres primers principis, la política legítima és la que permet a cadascú desenvolupar de la millor manera la seva individualitat singular, les seves capacitats, el seu poder de ser i d'actuar, sense fer mal als altres, en la perspectiva d'una llibertat igual (per a tothom). A diferència de l'individualisme que condueix al cadascú per ell i a la lluita de tots contra tots, el principi d'individuació només dóna valor als individus que afirmen la seva singularitat en el respecte de la seva interdependència amb els altres i amb la natura.

- ***Principi d'oposició creativa:*** perquè tothom té tendència a manifestar la seva individualitat singular, és normal que els humans s'oposin. Però només és legítim que ho facin mentre no es posi en perill el marc de la comuna humanitat, de la comuna sociabilitat i de la comuna naturalitat que converteix la rivalitat en fecunda i no pas en destructora. La bona política és la que permet als éssers humans diferenciar-se posant la rivalitat al servei del bé comú. El mateix passa amb l'ètica.

Traspassant aquests cinc principis, s'hi afegeix un imperatiu:

- ***Imperatiu de domini de l'hybris.*** La primera condició per tal que la rivalitat i emulació serveixin al bé comú és fer de manera que defugin el desig de poder absolut, de desmesura, de l'*hybris* (i a fortiori de la *pleonexia*, del desig de posseir sempre més). Aleshores es converteixen en rivalitat per cooperar millor. Dit d'una altra manera: intentar ser el millor és altament recomanable si es tracta d'excel·lir, en la mesura de les seves possibilitats, en la satisfacció de les necessitats dels altres, de donar-los el més i millor possible. Heus aquí que és ben diferent del desig de guanyar a qualsevol preu, agafant dels altres el que els correspon. Aquest principi de control de l'*hybris* és en realitat un meta-principi, el principi dels principis. Impregna tots els altres i ha de servir de regulador i d'aturador. Ja que cada principi, portat a l'extrem, i no temperat pels altres, corre el risc de convertir-se en el seu contrari: l'amor a la natura o a la humanitat abstracta en odi a l'home en concret; la comuna socialitat en corporativisme, en clientelisme, en nacionalisme o en racisme; la individualitat en un individualisme indiferent als altres; l'oposició creativa en combats d'egos, en narcisisme de la petita diferència, en conflictes destructors. Per tant, aquest imperatiu es pot anomenar «categòric».

3 Del primer al segon Manifest convivialista

L *Primer Manifest Convivialista* (2013) només contemplava quatre principis: els principis de comuna humanitat, de comuna socialitat, de legítima individuació i de control de l'oposició. Després de la seva redacció, a poc a poc, va quedar palès que cadascun dels principis enunciava, en unes quantes paraules, el valor central d'una de les quatre ideologies polítiques de la modernitat, d'un dels quatre components de l'ideal democràtic. L'afirmació d'una comuna humanitat està al cor del comunisme. El socialisme s'inspira en el principi de comuna socialitat, l'anarquisme del principi de legítima individuació. També es pot dir que el comunisme privilegia en principi la fraternitat, el socialisme la igualtat i l'anarquisme la llibertat.

El liberalisme és més difícil de situar. Entès de manera general i en sentit original, s'identifica amb el principi d'oposició creativa. Valora i fa possible el pluralisme. Pluralisme que cal entendre en un doble sentit. En primer lloc, el liberalisme original accepta, inclús recomana, la pluralitat de les opinions, dels costums i de les creences. Però recomana igualment no confondre i no fer col·lidir les diferents lògiques de l'acció social. Separar les esferes. No fondre i confondre el legislatiu, l'executiu i el judicial; l'econòmic, el polític i l'ideològic; el saber, el poder i l'haver.

Aquest principi està a l'arrel de l'ideal democràtic modern. Com a tal, és, doncs, la condició de possibilitat de tres altres ideologies polítiques modernes. Calia, efectivament, no acceptar sense examen la llei divina, la dels reis i dels poderosos o dels llibres sagrats per tal que el camp estigui obert a la inventiva política. El liberalisme original és doncs la ideologia política moderna per excel·lència. Però el liberalisme, entès d'una altra manera, és també una ideologia entre d'altres, del mateix rang que les altres, quan redueix l'oposició legítima a la sola concurrència econòmica i només valora l'individualisme en detriment de la comuna humanitat i de la comuna socialitat. Llavors, esdevé *liberisme* (un liberalisme limitat únicament al mercat), *libertarianisme* o neoliberalisme. Un neoliberalisme que és potser el pitjor enemic del liberalisme original, el liberalisme polític.

Evidentment, les grans religions universals, han tractat també d'aquests quatre principis, cadascuna a la seva manera. Apel·lant, per exemple, a l'amor o a la compassió, honoren el principi de comuna humanitat. Recomanant la solidaritat i el fet de compartir, respecten el principi de comuna socialitat. Mostrant els camins de la salut, l'energia vital o de l'alliberament, permeten una certa individuació. Com que subordinen aquests valors al reconeixement d'una realitat espiritual que transcendeix la subjectivitat humana, els costa sovint pensar en l'oposició creativa, la fecunditat de l'oposició controlada.

És en aquest punt que la modernitat democràtica ha trencat amb elles, insistint igualment en el principi legítim d'individuació a la Terra.

Els discursos de la modernitat democràtica, ara es veu clar, plantegen dos tipus de problemes, encara no resolts, que no deixen d'explicar la inquietant desafecció que experimenta l'ideal democràtic avui dia, arreu del món. D'una banda, quan cadascun d'aquests discursos es preocupa massa exclusivament del seu principi central i no dóna importància als altres, no aconsegueix la seva finalitat. Deixat a la seva sort, l'ideal comunista de fraternitat, per exemple, tendeix a degenerar en totalitarisme. Abandonats a la seva sort, l'ideal socialista de solidaritat i d'igualtat, tendeix a transformar-se en estatisme, l'ideal anarquista a degradar-se en nihilisme, i l'ideal liberal en economicisme i en plutocràcia. I, de ben segur, aquestes formes diferents de corrupció dels valors originals es poden combinar entre elles i engendrar les dictadures, les burocràcies, els clientelismes més o menys mafiosos, el caos, les guerres civils, etc. El convivialisme, per part seva, insisteix en la necessitat de reconèixer la interdependència dels quatre principis. Estableix que cal que siguin ben temperats, equilibrats els uns pels altres. És només combinant-los i articulant-los amb el principi de comuna naturalitat que podem arribar a superar les ideologies heretades.

PER QUÈ UN CINQUÈ PRINCIPI I UN IMPERATIU CATEGÒRIC?

D'altra banda, l'enunciat d'aquests quatre principis s'ha mostrat insuficient per comprendre la mesura del que està en joc en el convivialisme. Si sembla necessari, a partir d'ara, afegir un principi de comuna naturalitat i el meta principi del domini de l'*hybris*, és perquè posen clarament en evidència els dos punts cecs de les ideologies democràtiques i modernes. Totes, a diferents nivells, comparteixen, efectivament, la mateixa limitació. Perquè afirmen que els éssers humans són abans que tot, fins i tot exclusivament, éssers de necessitats, en dedueixen que la causa del conflicte entre ells és l'escassetat material. I aquí, evidentment, hi ha una part de veritat. La necessitat, però, és inseparable del desig de reconeixement. Podem satisfer totes les necessitats materials d'un nounat privat de la seva mare, però si no rep també amor, si no és reconegut en la seva singularitat, aleshores mor o fracassa en el seu desenvolupament.

L'esperança de satisfer totes les necessitats pot ser defraudada perquè la necessitat sempre està realimentada i augmentada pel desig. Si aquest desig no és alhora satisfet (per afecte, respecte o estima) i limitat per prohibicions que li impedeixen degenerar en *hybris*, aleshores les necessitats esdevenen insaciables, sigui quin sigui el nivell de riquesa aconseguit.

Els discursos clàssics de la modernitat democràtica es mostren constitutivament incapaços d'afrontar el problema crucial de la humanitat perquè redueixen el problema polític a la satisfacció de les necessitats, i especialment de les necessitats materials. Problema que és alhora psicològic i polític, individual i col·lectiu. En el pla col·lectiu, és el de saber com limitar l'aspiració al poder absolut dels «Grans», «que desitgen dirigir i oprimir» (per dir-ho en el llenguatge de Maquiavel), l'*hybris* inherent al desig humà quan res no el canalitza. L'*hybris* dels «Grans» pot desencadenar per mimetisme i enveja l'*hybris* dels «Petits», la seva enveja, gelosia o ressentiment.

Per satisfer necessitats esdevingudes insaciables per la il·limitació del desig, cal esdevenir «amo i senyor de la natura», sortir d'una relació donatiu - contra donatiu amb ella, en la que no es pot agafar sense donar res a canvi, ni que sigui simbòlicament. Però la natura té els seus límits, clarament vulnerats avui dia. Ella ja ha donat (o més aviat li han pres) una bona part del que pot donar. Per falta d'haver rebut l'atenció que mereix, Gaia es venja. D'aquí la necessitat d'afirmar, pel principi de comuna naturalitat, que la nostra sort està lligada a la seva, que vivim amb ella en una relació d'interdependència i que esgotant-la és la nostra pròpia supervivència la que posem greument en perill, com ho fa entendre, des de fa molt de temps, l'ecologia política. L'ecologia política és el cinquè discurs de la modernitat, el més recent. El més valuós, potser, però al que li falta encara saber precisar la seva relació amb altres ideologies heretades.

Quant al meta principi de domini de l'*hybris,* posat en relleu pels antics grecs, formula el problema central que la humanitat ara ha d'afrontar decididament. Si no troba en nom de qui i com canalitzar la il·limitació potencial del desig, llavors li costarà molt sobreviure. El principal paper netament social i polític de les religions ha estat justament aquest: refrenar el desig del poder absolut, dels «Grans» i dels «Petits», intentant sotmetre els uns i els altres a una Llei transcendent, a l'heteronomia, deixant entreveure esperances de recompensa –pels que sabrien resistir-hi– o témer les amenaces de càstig *pre o post mortem* pels que hi cedirien.

El problema que plantegen els discursos de la democràcia moderna és que no ofereixen cap aturador a la il·limitació del desig. La seva grandesa ha residit en la promesa de l'emancipació, dit d'una altra manera, en l'afirmació que la individuació, la subjectivació, l'esdevenir-subjecte són possibilitats ofertes a tothom. Sí, diuen, és possible, necessari, desitjable «sortir de l'estat de minoria», de l'heteronomia, i d'alliberar-se de la dominació dels Grans. Però al cap i a la fi, sovint, aquests discursos no saben veure gaire l'emancipació d'una altra manera que no sigui com una ordre per igualar l'*hybris* dels Grans i per reproduir-la, de manera més gran o més petita, cadascú al seu nivell. Voldrien, d'alguna manera, que, deixant de ser servidors, esdevinguéssim tots amos. Vet aquí que és impossible per hipòtesi, i no resol de cap manera, el problema de l'*hybris*. Ni en l'àmbit col·lectiu, ni en l'àmbit individual.

Així doncs com podem convèncer els no-creients, els incrèduls, els «moderns» –sobretot quan ja no creuen en les «religions seculars», en el comunisme, en la República, en el socialisme, en el Progrés, etc.– perquè renunciïn a l'*hybris*, al desig infantil del poder absolut, si no n'esperen cap recompensa o no temen cap sanció en el més-enllà? Per què, en nom de qui, haurien de renunciar al seu desig de dominar, al seu torn, aquells o aquelles que tindrien el poder de dominar? La resposta és que violant els principis de comuna humanitat, de comuna socialitat, de comuna naturalitat i de legítima individuació per a tothom i d'oposició creativa, posen en perill la supervivència mateixa de la humanitat i s'exposen per això a la còlera i al menyspreu de tots. Una còlera i un oprobi legítims. Una còlera justa que, tanmateix, cal evitar que es transformi en odi i en ressentiment, sota pena de canviar una *hybris* nociva per una *hybris* encara més devastadora.

Sota el regne del neoliberalisme i del capitalisme rendista i especulatiu, l'únic valor que subsisteix és la riquesa mercantil. Només es creuen dignes de reconeixement pel pensament dominant aquells que accedeixen al poder que confereixen els diners. La confiança deixa lloc al recel. En una societat convivialista, al contrari, es donarà valor, primerament, a les accions que sabran fer respectar el principi de comuna humanitat, les que contribuiran a fer les relacions socials més harmonioses, les que preservaran l'entorn natural, i les que es desplegaran en l'art, la ciència, la tècnica, l'esport, en la inventiva democràtica, en la convivialitat, etc. El convivialisme és, en primer lloc, un moviment de capgirament dels valors dominants avui dia i d'invenció de valors que facin avançar en humanitat.

4 Consideracions morals, polítiques, ecològiques i econòmiques

ETALLEM *a mínima* les consideracions generals desenvolupades fins aquí per fer més visibles els reptes profunds del convivialisme.

CONSIDERACIONS MORALS

El que pot esperar cada individu és que se li reconegui la mateixa dignitat que als altres éssers humans, accedir a unes condicions materials suficients per portar a terme la seva concepció de vida bona, respectant les concepcions dels altres, i buscar així ser reconegut per ells participant efectivament, si ho desitja, en la vida política i en la presa de decisions que comprometen el seu futur i el de la seva comunitat.

El que no li està permès, és caure en la desmesura i en el desig infantil del poder absolut (l'*hybris* dels grecs), dit d'una altra manera, violar el principi de comuna humanitat i de posar en perill la comuna socialitat, pretenent formar part d'una espècie superior o acaparant i monopolitzant una quantitat de béns o un quantum de poder tals que l'existència social de tots en sigui compromesa.

Concretament, el deure de cadascú, en proporció als mitjans i al coratge de què disposi, és lluitar contra la corrupció i denunciar-la per tot arreu on la reconegui, fins i tot contra l'opinió de la seva jerarquia. La denúncia, sovint costosa i arriscada, es distingeix de la delació en el fet que està motivada només per la preocupació del bé comú i no per treure'n un profit i menys encara per passar comptes personals. Però aquest deure és igualment el de no deixar-se corrompre i, doncs, no acceptar a compte de diners (o de poder, o de prestigi institucional) la mentida, les trampes, l'ocultament o les pràctiques il·legals.

CONSIDERACIONS POLÍTIQUES

És il·lusori esperar, en un futur previsible, la constitució d'un Estat mundial. La manera dominant d'organitzar-se políticament serà doncs per un llarg període, la dels Estats –siguin nacionals, plurinacionals, pre o postnacionals–, inclús si es busquen noves formes polítiques, especialment a Europa, tot i existir d'altres models d'acció política, especialment mitjançant les associacions i les ONG. En la perspectiva convivialista, un Estat o un govern, o una nova institució política, només poden considerar-se legítimes si:

• Respecten els cinc principis, de comuna naturalitat, de comuna humanitat, de comuna socialitat, d'individuació i d'oposició creativa, i si faciliten la posada en marxa de les consideracions morals, ecològiques i econòmiques que en deriven, tot observant l'imperatiu de domini de l'*hybris*.

- Aquests principis s'inscriuen en el marc d'una universalització dels drets, civils i polítics, però també econòmics, socials, culturals, mediambientals. Recuperen, ampliant-lo, l'esperit de la declaració de Filadèlfia (redefinint el 1944 els objectius de l'Organització Internacional del Treball) que estipulava a l'article 2 que «tots els éssers humans, sigui quina sigui la seva raça, les seves creences o el seu sexe, tenen el dret de perseguir el seu progrés material i el seu desenvolupament espiritual en la llibertat i la dignitat, en la seguretat econòmica i amb les mateixes oportunitats». La bona política és la política de la dignitat.

- Més específicament, només són legítims els Estats que garanteixen als seus ciutadans més pobres un mínim de recursos, una *renda mínima,* amb qualsevol forma, que els protegeixi de l'abjecció de la misèria; i que prohibeixen progressivament als més rics, via la instauració *d'una renda i d'un patrimoni màxim,* caure en l'abjecció de l'extrema riquesa sobrepassant un nivell que faria ineficaços els principis de comuna humanitat i de comuna socialitat. Aquest nivell pot ser relativament elevat, però no més enllà del que implica el sentit de la decència comuna *(common decency),* l'apreciació compartida per la gran majoria del que es pot fer o del que, al contrari, no s'ha de fer.

- Vetllen pel bon equilibri entre els béns i els interessos privats, comuns, col·lectius i públics, especialment retrobant

una capacitat d'acció davant de les grans empreses supra-
nacionals que intenten esquivar les seves lleis.

- Afavoreixen, en sentit ascendent i descendent a l'Estat i al
mercat, la multiplicació de les activitats comunes i asso-
ciatives pròpies d'una societat civil mundial on el principi
d'autogovern troba els seus drets en una pluralitat d'espais
de compromisos cívics més enllà dels estats i de les nacions.

- Reconeixen, a condició que siguin controlats, en la multitud
de xarxes digitals, de les quals internet n'és una de les prin-
cipals però no l'única, una eina poderosa de democratitza-
ció de la societat i d'invenció de solucions, que ni el mercat
ni l'Estat no han estat capaços de produir. Tractant-los com
a béns comuns, els beneficien amb una política d'obertura,
d'accés gratuït, de neutralitat i de repartiment.

- Renoven la vella herència dels serveis públics, posant en
marxa una política de preservació dels béns comuns here-
tats, fomentant l'aparició, consolidació i expansió dels nous
béns comuns de la humanitat.

CONSIDERACIONS ECOLÒGIQUES

Els humans ja no es poden considerar amos i senyors de la
Natura, amb el dret d'extreure'n sense límits tot el que volen.
Ja que, ben lluny d'oposar-s'hi en formen part, han de retro-
bar amb ella, com a mínim metafòricament, una relació de

donar i rebre. Així doncs, per permetre una justícia ecològica ara i per deixar a les generacions futures un patrimoni natural preservat, han de tornar a la Natura tant o més del que li prenen o en reben.

- El nivell de prosperitat material universal a escala planetària és aproximadament el que coneixien, de mitjana, els països més rics els anys 1970, a condició que s'obtingui amb les tècniques productives d'avui dia. Com que no es pot demanar el mateix esforç ecològic als països que han extret més de la Natura, des de fa molts segles, i als que comencen tot just a fer-ho, als més rics i als més pobres, correspon als països més opulents fer de manera que les seves extraccions de la natura vagin disminuint de manera regular en relació amb els estàndards actualitzats dels anys 1970. Si volen preservar la seva qualitat de vida actual, en primer lloc, han de dedicar el progrés tècnic, a aquest objectiu, de manera que es redueixin significativament els consums depredadors.

- La prioritat absoluta és la disminució de les emissions de CO_2 i el recurs prioritari de les energies renovables alternatives a les nuclears i fòssils.

- Les xifres relatives al creixement del PIB no podran, doncs, donar-se sense combinar-se, al mínim, amb un índex de disminució de l'emissió de CO_2 i amb el consum de les energies fòssils, pesqueres i minerals. Més generalment, en el marc d'una necessària refosa dels sistemes de les normes de comptabilitat vigents, ens cal anar cap a comptabilitats bio-eco-compatibles.

- La relació de donatiu/contra donatiu i d'interdependència ha d'exercir-se, especialment, envers els animals, que han de deixar de considerar-se material industrial. I, en general, envers la Terra.

CONSIDERACIONS ECONÒMIQUES

No hi ha cap correlació demostrada entre riquesa material, d'una banda, i felicitat o benestar, de l'altra. L'estat ecològic del planeta fa necessari la recerca de totes les formes possibles de prosperitat sense creixement. Per això és imprescindible, amb un objectiu d'economia plural, establir un equilibri entre el mercat, l'economia pública i l'economia no comercial i no monetària (l'anomenada economia «del tercer sector», l'economia social i l'economia solidària, l'economia del o dels procomuns, o fins i tot l'«economia moral» que juga un paper essencial en la família i en les associacions), segons que els béns que es produeixin siguin individuals, col·lectius, comuns o privats.

- El mercat i la recerca d'una rendibilitat monetària són plenament legítims des del moment que respecten −especialment a través dels drets (socials i) sindicals− els postulats de comuna humanitat i de comuna sociabilitat, i que són coherents amb les consideracions ecològiques precedents.

- La prioritat és lluitar contra les derives rendistes i especulatives de l'economia financera que són la principal causa de la desmesura capitalista actual. Això implica impedir la desconnexió entre l'economia real i l'economia financera regulant de prop l'activitat dels bancs i els mercats financers de les matèries primeres, limitant la dimensió dels bancs i posant fi als paradisos fiscals.

- Així, es farà possible el veritable desenvolupament de totes les riqueses humanes, que són lluny, ben lluny, de reduir-se a la mera riquesa econòmica, material o monetària. La riquesa efectiva passa pel sentit del deure complert, de la solidaritat o de les actuacions; per totes les formes de creativitat. Artística, tècnica, científica, literària, teòrica, esportiva, etc. En una paraula, és inherent a una forma o altra de gratitud o de creativitat i a la relació amb els altres.

5 Aprofundiment o autodestrucció de la democràcia?

LA paradoxa central del nostre temps és, sens dubte, la següent: podem efectivament veure la nostra època tant com aquella en què el principi democràtic comença a triomfar, com la de la seva possible autodestrucció.

La democràcia moderna es basa en el postulat de la igualtat de principi de tots amb tots, de la seva comuna humanitat. Ara bé, aquesta igualtat i aquesta comuna humanitat s'afirmen i es reclamen avui dia amb una força sense precedent i quasi inimaginable fa poc temps. La preeminència del pensament occidental i del tipus d'universalisme que formulava es qüestiona en nom de la igualtat entre cultures i, més concretament, entre antics colonitzats i antics colonitzadors, o entre les «races». Tant o més poderosa encara, una onada de fons, irresistible, fa valer la igualtat no només entre homes i dones sinó també entre les orientacions sexuals o entre els gèneres. Aquesta reivindicació d'igualtat s'estén ara pel món, en nom de l'antiespecisme i de la comuna naturalitat.

Contràriament, després de la seva invenció, fa un o dos segles, els règims polítics, posant-se al costat de la democràcia moderna, representativa, no han estat mai tan desacreditats, com si, per manca de no complir o no poder complir la seva promesa d'emancipació general, estaven destinats a cedir el lloc a règims autoritaris que trepitjaven ràpidament les demandes de la democràcia que els havien portat al poder. Fet que fa que com més democràcia es reclama, més sembla que s'allunyi.

PER QUÈ VALORAR LA DEMOCRÀCIA I QUINA?

El primer problema amb què ens afrontem avui dia, de manera punyent, és saber si encara cal plantejar-se les lluites actuals en nom d'un ideal de democràcia. Una societat convivialista ha de ser necessàriament una societat democràtica? Si la resposta afirmativa encara era evident el 2013, quan va aparèixer el primer *Manifest convivialista*, s'ha de reconèixer que el model democràtic de govern està en crisi arreu. No només la democràcia està en regressió constant en el món i cedeix el lloc, cada vegada més, a règims dictatorials o, en el millor dels casos (o almenys en el pitjor), a democràcies dites «il·liberals» o a «democradures», sinó que, i és el més alarmant, cada vegada es dirigeix menys als joves en els països occidentals. Ara ja, la paraula sona buida. Ja no és portadora d'esperança. Ningú ja no hi «creu».

Tanmateix, veiem que totes les revoltes, tots els aixecaments populars es despleguen en nom dels valors democràtics. Sempre, arreu, ens rebel·lem contra la monopolització del poder, per una casta o una família, contra la corrupció, contra les fortunes insolents i les desigualtats escandaloses, contra les detencions arbitràries, la violència policial i la tortura. Reclamem la llibertat d'opinió, la llibertat de premsa, el pluralisme dels partits i eleccions realment lliures i transparents. Aleshores, la democràcia apareix com l'únic mitjà per garantir una comuna humanitat i una comuna socialitat i per permetre la legítima individuació de tots, en el marc del domini de les oposicions. Resumint, allà on la democràcia no existeix, només s'aspira a ella. Allà on sembla establerta, on les eleccions no estan trucades, on existeix un veritable pluralisme dels partits i de la premsa, cada vegada s'hi està menys d'acord. Les raons d'aquesta desafecció per la democràcia són moltes:

- A escala internacional, el fet que els valors democràtics hagin sigut i siguin encara sostinguts pels països occidentals rics que han colonitzat o dominat tota la terra, els fa evidentment sospitosos. Es manifesten indissociables d'una voluntat d'hegemonia. Emparats en proclamacions virtuoses, descobrim interessos inconfessables. La pretensió d'imposar la democràcia per intervencions armades ha contribuït, no pas poc, al seu descrèdit.

- Fins i tot en el si dels països occidentals, la subordinació del joc democràtic a la lògica neoliberal, a la del capitalisme rendista i especulatiu, ha generat un sense sentit. Per què serveix votar si *there is not alternative*, si la creixent professionalització de les dones i homes polítics els fa cada vegada més estranys als seus electors, i si el funcionament de la democràcia només beneficia clarament, *in fine*, al 10 % dels més rics i afavoreix l'enriquiment vertiginós de l'1 % del 0,1 % o, més encara, del 0,001 %?

- La globalització neoliberal, d'altra banda, destrueix societats i comunitats polítiques. La definició més coneguda de democràcia és la d'Abraham Lincoln: «el govern del poble, pel poble i per al poble». Però què és un poble? El conjunt dels que comparteixen un mateix origen, una mateixa llengua, una mateixa tradició, una mateixa religió? Aquells que pertanyen a una mateixa comunitat política? Els de baix per oposició als de dalt? El que és segur és que a partir d'ara, una mica per tot arreu, societat i comunitats polítiques, inclús les constituïdes més antigament, tendeixen a trencar-se en quatre blocs de població que s'ignoren cada vegada més: els *globalitzats*, els que s'aprofiten de la globalització d'una manera o d'una altra (nacionals o estrangers); els *inclosos*, els que tenen la situació i les rendes més o menys garantides; els *precaris*, els que tenen la situació i les rendes incertes; els *exclosos*, els que no només tenen dificultats a trobar feina sinó que, a més, són víctimes d'estigmatització específica (sovint sortits de la immigració o de cultures o religions minoritàries i menyspreades). Impossible respectar el principi de comuna socialitat amb aquesta base.

- La distància creixent entre aquests quatre blocs de població s'explica per la dinàmica del mercat mundial que deforma radicalment els referents heretats de l'espai i del temps. Per mantenir i conservar la situació social i les rendes, cal fer-ho tot més de pressa. Per no recular, cal accelerar sense parar. Simètricament, segons els mitjans de transport existents i la penetració d'internet, el més llunyà pot ser el més proper, si bé la idea d'una «llar» o d'un «entre-nosaltres» cada dia perd una mica més de consistència.

- Aquesta fracturació de l'espai social, combinada amb les lleis del Mercat, de l'acceleració i de la desterritorialització, destrueix el sentiment de comuna socialitat. Quan els antagonismes religiosos o culturals se superposen la situació esdevé explosiva.

A tots aquests factors cal afegir la fragilitat constitutiva de la democràcia, la seva indeterminació relativa i el que podríem denominar la tendència a l'*hybris* democràtic.

- La democràcia és un règim fràgil, tan difícil d'instaurar com fàcil de perdre. Difícil d'instaurar: els múltiples exemples d'insurreccions o de revoltes que desemboquen en governs militars o en dictadures encara més ferotges que les que han fet caure, són aquí per demostrar-ho. Mostren que la democràcia difícilment pot autoengendrar-se. I tampoc tenim en compte els exemples d'eleccions promogudes democràticament per dictadors que tenien com a única finalitat acabar amb la democràcia. El cas més cèlebre és el de l'arribada al poder de Hitler. L'existència d'eleccions, en principi lliures, no garanteix la solidesa i la perennitat de la democràcia, si els valors dominants, en una societat, en un temps donat, no són democràtics.

- Els règims dits avui dia democràtics es basen en dos principis el maridatge dels quals és incert. El primer principi, el principi liberal en el sentit ampli i primer del terme, és el del pluralisme i del lliure debat. Suposa que els perdedors, reconeixen el seu fracàs i que els vencedors accepten que el seu poder pugui ser posat en qüestió. I també, fonamentalment, com que ningú no està absolutament segur de tenir raó, tots s'obren al debat. El segon principi planteja que el poder només pot procedir del poble. Però aquest poble és introbable. Tan sols existeix representat, el que dóna tota llibertat als seus «representants» per substituir-lo.

- Finalment, la dinàmica democràtica, l'aspiració general a la igualtat de condicions comporta un risc d'*hybris* des del moment que no està atenuada per una preocupació pel bé comú. Tothom, per por de ser dominat, vol afirmar la seva pròpia superioritat. Cada grup, o fins i tot cada individu, emet reivindicacions particulars en nom de la democràcia i pretén obtenir nous drets sense preocupar-se de l'obligació de defensar-la, com a tal. La part, inclús la parcel·la, es pren pel tot. Veiem, així, que les democràcies es desenvolupen sense demòcrates, i això, de manera més evident quan cada grup particular, tancat en l'esfera dels seus interessos i de les seves pròpies reivindicacions, només escolta les informacions o les idees que van a favor seu. Llavors, ja no existeix pròpiament ni opinió, ni espais públics, sinó una miríada d'espais públics particulars que ja no es comuniquen. En el millor dels casos, s'ignoren.

CAP A UNA DEMOCRÀCIA CONVIVIALISTA

Com veiem, les raons per no creure en la democràcia són nombroses. Potser necessitaríem una altra paraula per anomenar el bon règim polític que volem aconseguir. Però com que fins ara no n'hem trobat cap altra, ens veiem obligats a continuar dient, amb Churchill, que la democràcia, encara avui, és el pitjor dels règims a excepció de tots els altres. L'aposta del convivialista és que únicament una democràcia convivialista pot ser plenament democràtica. El principi d'individuació legítima ofereix a cadascú la possibilitat de ser reconegut en la seva singularitat, encara que jugui el joc de l'oposició controlada. Posant fora de la llei tant la misèria com l'extrema riquesa, els principis de comuna humanitat i de comuna socialitat, impedeixen les desviacions oligàrquiques i plutocràtiques.

El bon funcionament d'una democràcia convivialista suposa, com a mínim, el respecte dels cinc punts següents:

• La posada en marxa efectiva del principi de subsidiarietat: únicament el que no pot ser fet o decidit a escala jeràrquica, el més baix i el més local, ha de ser-ho a escales jeràrquicament superiors.

- Una articulació sistemàtica entre democràcia representativa, democràcia participativa i directa i democràcia d'opinió (o deliberativa). La democràcia participativa (la consulta dels ciutadans per totes les decisions importants), tan sols pot ser efectiva si és la més directa possible, dit d'una altra manera: si es basa àmpliament en el sorteig. Però l'opinió dels ciutadans triats per sorteig, només té sentit si comporta, en el model de conferències i consensos, fer cas dels experts sobre opinions variades o oposades. I si és efectivament tingut en compte. És doncs necessari, si els òrgans executius elegits no accepten el dictamen emès pels òrgans triats per sorteig, que tinguin el poder de sotmetre la seva proposta al vot dels ciutadans interessats.

- L'establiment dels fets. Existeixen molts debats filosòfics, necessaris, sobre la idea mateixa de veritat, de realitat o d'objectivitat. Però cap no conclou que qualsevol tingui el dret de dir que és de nit quan és de dia, o de mantenir o de fer passar per veritable el que va, únicament, a favor del seu interès immediat. L'esclat de les societats en blocs de població que s'ignoren (quan no s'odien), reforçat per la multiplicació dels canals d'informació, sovint manipulats, condueix a una multiplicació de notícies falses que fan que el debat democràtic sigui cada vegada més problemàtic. Pot haver-hi moltes interpretacions dels mateixos fets, però cal que aquests s'estableixin de la manera més objectiva possible, fora de tot esperit partidista. És doncs, vital, que existeixin nombrosos instituts públics amb investigadors fora de tota sospita, dedicats a l'establiment de dades necessàries basades en els fets (sobre l'eficàcia dels medicaments, sobre certs productes nocius, sobre desigualtats, sobre l'estat del sòl o dels rius, sobre el clima, etc.). I que existeixin igualment mitjans públics dedicats a la difusió d'aquestes dades. No seran, sens dubte, els més divertits (encara que, per què no?), ni els més consultats, però la seva existència és indispensable.

- De manera hipotètica, en una democràcia, el fonament del poder es considera com immanent. Es basa en un contracte social i en la confiança mútua, fins i tot quan en certs països aquest contracte es fa «davant Déu» (al Canadà, per exemple). Sigui quina sigui la situació jurídica de les relacions entre la religió i l'Estat, aquesta no depèn de les autoritats i de les normes religioses. La ciutadania és independent de la religió i totes les persones són iguals formalment sigui quina sigui la seva religió i la seva convicció. L'Estat garanteix la llibertat de religió i de convicció així com el lliure exercici de culte.

- Finalment, una democràcia només pot ser viva i fecunda entre aquells en els que preval el desig d'estar aquí i junts sobre el desig d'estar lluny i amb d'altres. Entre els que tenen ganes de donar o de donar-se i rebre dels altres. Aquest és el centre del principi de comuna socialitat. Les fronteres d'aquest estar junts estan àmpliament dictades per la història, pel passat que acceptem assumir junts per construir un futur comú. El marc imaginari, en el que s'han desenvolupat les democràcies modernes, ha estat el de la nació. Encara és ben viu, tot i que evidentment ja no pot basar-se en la seva ficció constitutiva primera, en la idea que els membres de la nació tenen o haurien de tenir, realment o simbòlicament, un mateix origen ètnic, una mateixa naixença (la *natio*), una mateixa llengua, una mateixa religió, o, en el seu defecte, com a mínim els mateixos valors i les mateixes creences. El problema que es planteja avui a tots els països és saber com preservar, sobre bases pluriètniques i pluriculturals, l'aspiració a la solidaritat que s'exercia abans en el marc d'una nació, suposadament, monoètica i monocultural. Això planteja la qüestió del grau de compatibilitat entre valors últims i creences (o no-creences) diferents. És la qüestió del pluriversalisme.

PLURIVERSALISME I COEXISTÈNCIA DE LES CULTURES

Efectivament, el convivialisme només té possibilitats d'ajudar a evitar les catàstrofes que amenacen tots els pobles de la Terra si té sentit per a tots ells. És susceptible de tenir un abast universal. Però, el convivialisme s'ha de veure, aleshores, com un universalisme? Això seria, sens dubte, perillós. És en nom dels valors suposadament universals, en nom de l'universalisme, en nom igualment de la ciència i de la raó, que Occident ha colonitzat o assegurat la seva dominació sobre tot el planeta. Afirmar l'universalisme és doncs córrer el risc de veure's ben aviat associat a una forma o altra d'imperialisme. Però, simètricament, afirmar la singularitat irreductible de les cultures, la seva incommensurabilitat, ens torna a abocar, amb certesa, al fracàs de tot projecte ètic i polític *(largo sensu)* d'abast mundial. Tanmateix, això és el que necessitem de manera imperativa.

- Per tant, és vital defugir la falsa alternativa entre universalisme i comunitarisme. Tot universalisme abstracte és culpable perquè, per construcció, menysté i fa miques les singularitats i les particularitats. Simètricament, els comunitarismes particularistes es neguen a mirar el fons del pensament comú a tota la humanitat en el que només la seva particularitat té sentit.

- Afirmar la incommensurabilitat de les cultures o de les religions –que sovint en són les matrius– és no veure que, lluny de tenir una identitat única i establerta una vegada per totes i ser homogènies i compactes com si es tractés de substàncies tancades en elles mateixes definitivament, aquestes són intrínsecament plurals. Cadascuna és portadora de múltiples possibilitats. La qüestió que es planteja avui és saber quines d'aquestes possibilitats s'han d'actualitzar i privilegiar per contribuir a la supervivència moral i física de la humanitat.

- Hi ha força valors comuns a totes les cultures quan trien raonar des del punt de vista de la humanitat en general, o en tot cas des del punt de vista de la humanitat més àmplia possible, i no des de la humanitat més particular. Però cadascuna planteja aquests valors en el seu propi llenguatge, i és per això que l'universal ètic i polític *(largo sensu)* que el convivialisme pretén formular, de la manera més general possible (i que per tant es pugui compartir), es presenta sempre sota formes particulars i plurals. L'universalisme veritable no és doncs un universalisme sinó un pluriversalisme.

- El fet que aquests valors no es puguin expressar mai en un sol llenguatge, en els termes d'una sola cultura, és una riquesa. Cadascuna fa veure a les altres el que elles no veuen, o no veuen del tot.

- Cada cultura, a la seva manera, en el moment que tria raonar des del punt de vista més ampli de la humanitat, ja enuncia els principis del convivialisme, inclús si sovint és de manera parcial. Totes, amb diferents graus, admeten el principi de comuna humanitat (fins i tot amb alguna reserva), totes valoren la comuna socialitat (fins i tot quan sovint defensen igualment les jerarquies). Cadascuna presta una certa atenció a la individuació i totes s'esforcen per controlar les oposicions, fins i tot quan els costa admetre'n la fecunditat potencial.

  Diguem-ho, encara, d'una altra manera. Tradicions religioses i tradicions culturals estan sovint estretament barrejades. El paper de les religions és ambivalent per naturalesa. Es tracta alhora de proporcionar una identitat als col·lectius i de contenir la violència, en els dos sentits del terme contenir. Les religions marquen el límit de la violència entre els humans i intenten, en principi, erradicar-la, però aquesta violència rau en el seu interior. Quan les religions privilegien la seva funció identitària i que aquesta es confronta a la funció identitària d'una altra religió, alliberen la violència que contenien i la porten al límit, a vegades, fins al paroxisme.

- Però –i és un efecte de la dinàmica democràtica– les més altes autoritats religioses actuals, cristianes, islàmiques o budistes, etc., es posen d'acord per proclamar que «Déu [o Al·là, o...] [...] ha creat tots els éssers humans iguals en drets, en deures i en dignitat, i els ha cridat a coexistir com a germans, per poblar la terra i escampar-hi els valors del bé, de la caritat, i de la pau». Que Ell també ha «prohibit matar, afirmant que qui mata una persona és com si hagués matat tota la humanitat, i que qui en salva una és com si hagués salvat tota la humanitat». Les mateixes autoritats precisen que «les religions no inciten mai a la guerra i no recorren a sentiments d'odi, d'hostilitat, d'extremisme, ni conviden a la violència o al vessament de sang».[13] És difícil trobar una afirmació més potent de comuna humanitat.

---

[13] Reprenem aquí els termes d'una declaració, *La Fraternitat humana. Per la pau mundial i la coexistència comuna*, cosignada el 4 de febrer de 2019 pel papa Francesc en nom dels cristians d'Occident i d'Orient i pel gran Imam d'Al-Azhar (Egipte), Ahmad al-Tayyeb, en nom dels musulmans d'Orient i d'Occident. No dubtem que el Dalai-lama o d'altres autoritats religioses budistes, etc., s'hi puguin afegir.

- Cada vegada més, el problema que es planteja avui dia, és resoldre la coexistència, no tant entre religions o cultures que regnen en diferents espais, com entre les que cohabiten en un mateix espai. Evidentment, això només és possible si les religions o les cultures cridades a coexistir, reconeixent la seva pròpia incompetència, es posen d'acord per donar a cada individu la llibertat de triar les seves creences. És aquesta llibertat la que proclamen les mateixes autoritats religioses: «La llibertat és un dret de la persona: cadascuna gaudeix de la llibertat de creença, de pensament, d'expressió i d'acció. El pluralisme i les diversitats de religió, de color, de sexe, de raça i de llengua són una sàvia voluntat divina, per la que Déu [o Al·là, o...] ha creat els éssers humans [...] és per això que es condemna el fet d'obligar la gent a adherir-se a una determinada religió o a una determinada cultura, com també el fet d'imposar un estil de civilització que els altres no accepten».[14] Bonica acceptació dels principis democràtics.

- Però seria il·lusori creure que dins d'una determinada comunitat política, que es defineix per una certa visió de futur però també per una certa relació amb el seu passat, totes les tradicions religioses o culturals puguin tenir, rigorosament, el mateix estatus. Les tradicions més antigues, més difoses i més estretament vinculades a la identitat d'una determinada

---

[14] *Idem.*

comunitat política, juguen, d'alguna manera, el paper de l'amfitrió que acull; les altres, les de l'hoste acollit. El deure de la cultura acollidora és oblidar al màxim que ho és, per no prevaldre, i el de les cultures acollides, no oblidar-ho.

- Una comunitat política convivialista és aquella que s'obre a un màxim de diversitat cultural compatible amb el fet de mantenir la seva unitat. Una unitat tan valuosa que permet, justament, la manifestació no conflictiva d'aquesta diversitat cultural.

REEQUILIBRAR LES RELACIONS HOME/DONA

Cada cultura defineix qui ha de donar què a qui, qui ha de rebre què de qui, de quina manera, en quines ocasions, etc. El sistema de donacions primàries que regeix les relacions de la vida i la mort, estableix el que els homes deuen a les dones, i viceversa. Tradicionalment, les dones donaven i es donaven a la vida, els homes a la mort. Quasi universalment, els homes, des de fa mil·lennis, han exercit una dominació social i política sobre les dones, més o menys compensada segons el cas (a vegades amb força claredat, sovint amb molt poca) per la dominació exercida per les dones a les llars, en els naixements i les morts. Sovint, les donacions fetes per les dones en aquestes ocasions no eren vistes o reconegudes com a donacions sinó com a simples fets naturals o com el resultat d'una obligació. En qualsevol cas, aquest sistema patriarcal ha esdevingut cada vegada més insuportable per a les dones (i per a un cert nombre d'homes) dels països democràtics més pròspers, on no hi ha cap necessitat ni té cap significat econòmic. L'ideal d'igualtat de drets entre els homes i les dones, en tots els àmbits, ja s'imposa com una evidència.

- Perquè la qüestió del que es deuen recíprocament els dos sexes, està en el cor de la diversitat cultural, tot i que aquest ideal d'estricta igualtat no s'imposarà fàcilment per tot arreu ni al mateix ritme. En molts països de tradició cultural patriarcal, les mateixes dones trien i triaran preservar una part del seu paper tradicional per mantenir la lluita contra l'imperialisme d'Occident, quan es desplega sota el pretext dels drets de l'home... i de la dona.

- Només una democràcia que s'ha convertit en convivialista i, per tant, pluriversal, no imperialista, podrà superar aquesta tensió.

- El sentit general de l'evolució, però, no és misteriós. Les autoritats religioses ja esmentades declaren: «És absolutament indispensable reconèixer el dret de la dona a l'educació, al treball, a l'exercici dels drets polítics. Així mateix, cal treballar per alliberar-la de pressions històriques i socials contràries als principis de la seva fe i de la seva dignitat. [...] Per això, cal posar fi a totes les pràctiques inhumanes i als costums habituals que humilien la dignitat de la dona i treballar per modificar les lleis que li impedeixen gaudir plenament dels seus drets».

- Un cop assolida plenament aquesta igualtat de drets (i de mitjans per exercir-la), correspon a cadascú i a cadascuna de nosaltres decidir lliurement el que per a ella o per a ell representa el sexe o el gènere, la natura o la cultura, i del que es deu a l'altre sexe o a l'altre gènere.

I ELS ANIMALS?

Actualment, està en marxa una altra revolució antropològica que pot tenir conseqüències considerables. Cada vegada més dones i homes, sensibles a la comuna naturalitat, refusen el patiment infligit als animals i denuncien les seves condicions tant de cria com de matança. Efectivament, són insuportables. Hem d'anar, tanmateix, cap a universalitzar, o inclús a fer obligatoris, el vegetarianisme, el vegetalisme o el veganisme? És un objectiu difícilment realitzable a curt o a llarg termini –menjar carn ha estat sempre associat a la condició humana. En canvi, des d'una perspectiva de convivència, sembla indispensable tendir a consumir només animals criats en el marc de la ramaderia tradicional, en una relació donatiu/contra donatiu amb els ramaders (uns oferint la seva vida, els altres oferint les cures, i sovint el seu afecte) i beneficiant-se de la llibertat, d'una vida a l'aire lliure i de condicions sanitàries i de mort dignes. Cal, doncs, fer desaparèixer, en primer lloc, les gegantines granges industrials que tracten els animals com si només fossin un material, i que són font de grans contaminacions. I assegurar-se de la traçabilitat del que mengem. En qualsevol cas, és indispensable, per una societat creixent, disminuir molt el consum de carn, tenint en compte les emissions de metà, el consum d'aigua necessari, la destrucció dels ecosistemes i la quantitat de terra necessària per a la ramaderia.

6 Quin món postneoliberal?

L més difícil, per fer possible l'enorme capgirament de l'opinió pública mundial, indispensable per canviar la trajectòria que condueix al caos i la catàstrofe probables, és proposar un conjunt de mesures polítiques, econòmiques i socials que permetin al més gran nombre de persones, i sobretot a les més modestes, mesurar allò que es pot guanyar amb un nou acord (un New Deal) convivialista, i no només a mitjà o llarg termini, sinó immediatament. A partir de demà. No hi pot haver resposta completament general a aquesta pregunta. Són massa les coses que depenen del context específic, històric, geogràfic, cultural, polític, etc., específic de cada país, regió o conjunt supraregional o supranacional. Ara bé, qualsevol política convivialista concreta i aplicada haurà de tenir necessàriament en compte:

- L'imperatiu de la justícia i de la lluita contra l'*hybris* que implica la desaparició progressiva de les vertiginoses desigualtats que han explotat a tot el món entre els més rics i la resta de la població a partir de la dècada de 1970. Caldrà la combinació d'uns ingressos mínims, d'una banda, i d'uns ingressos i un patrimoni màxims de l'altra, amb un ritme d'aplicació més o menys ràpid en funció de les circumstàncies locals.

- La preocupació per donar vida als territoris i a les ciutats, i així reterritorialitzar i reubicar el que la globalització ha externalitzat massa. No hi pot haver convivialisme sinó en l'obertura als altres, certament (d'acord amb el principi de la comuna humanitat), però també en un *entre-si* prou fort per a ser una font de confiança i calidesa (d'acord amb el principi de la comuna socialitat).

- La necessitat absoluta de preservar el medi ambient i els recursos naturals (d'acord amb el principi de comuna naturalitat). Respondre-hi ja no s'hauria de veure com una imposició o com una càrrega addicional, ans al contrari, com una gran oportunitat per inventar noves formes de vida, per trobar noves fonts de creativitat i per revitalitzar els territoris.

- L'obligació imperiosa d'eliminar l'atur i d'oferir a tothom (d'acord amb el principi de legítima individuació) una funció i un paper reconeguts en activitats útils per a la societat. El desenvolupament de polítiques de reterritorialització i de lluita contra els reptes mediambientals hi contribuirà en gran manera. Però aquesta política de redistribució dels llocs de treball només pot tenir la seva màxima extensió i tenir un efecte poderosament significatiu si s'acompanya de mesures per reduir el temps de treball i amb un fort estímul per a l'expansió de l'economia de tipus associatiu o comunitari. Al desenvolupament del que avui s'anomena *el procomú* o *els* procomuns.

- La urgència (d'acord amb el principi d'oposició creativa) per fer una tria radical entre els usos de la intel·ligència artificial que contribueixin a incrementar el poder d'acció de tothom i aquells que, al contrari, només serveixen per alimentar l'anhel d'omnipotència, l'*hybris* d'uns pocs.

Aquests objectius són perfectament assolibles. Suposen el següent conjunt de mesures.

MESURES GENERALS. CAP A MÉS JUSTÍCIA

Una societat convivialista lluita contra les desigualtats abusives. Contribueix a l'erradicació dels paradisos fiscals, declarant il·legal i castigant amb severitat l'establiment d'empreses pantalla. Marca un límit superior als ingressos que una persona pot rebre per la seva feina en relació amb la resta d'empleats de la mateixa societat. Ningú no pot pretendre merèixer de manera legítima cent vegades més (en salari i en accions) que el sou més baix de la seva empresa. Per començar, un projecte polític convivialista hauria, com a mínim, *mutadis mutandis*, i com a exemple, de combinar els tres tipus de mesures preconitzades el 2019 pels principals candidats a la investidura del Partit Demòcrata als Estats Units:

- Alinear l'impost del capital (actualment del 23,8 %) amb l'impost sobre els ingressos superiors a 10 milions de dòlars (recordatori: el 1944, el tipus marginal d'IRPF era del 94 % i el 1965 encara era del 70 %); gravar amb un 2 % les fortunes que sobrepassin els 50 milions de dòlars (i amb un 3 % més enllà dels mil milions de dòlars); gravar les herències que sobrepassin els 3,5 milions de dòlars, amb un 45 % fins als 10 milions, amb un 77 % més enllà dels mil milions. El cúmul d'aquests tres tipus de mesures, pel que fa a ingressos, patrimoni i herències (que tocaria respectivament 16 000, 75 000 i 8 000 llars), suposaria una aportació de gairebé quatre cents mil milions de dòlars en deu anys.[15] Traslladat a escala d'un país com França, això representaria, en igualtat de circumstàncies, la desena part d'aquesta quantitat, o sigui 40 mil milions cada any.

- A l'altre extrem, cal il·legalitzar la misèria. La societat convivialista implementa un sistema tributari universal, senzill i transparent per transferir automàticament cada mes un poder adquisitiu mínim des de les llars correctament inserides a les llars més fràgils. Aquest mecanisme fiscal –conegut

---

[15] Qualsevol projecte d'increment de l'impost sobre la renda, si no va acompanyat d'un control efectiu de l'evasió fiscal i de l'abolició dels paradisos fiscals, planteja sobretot el problema d'aquests darrers que en poden sortir beneficiats, i amb ells el crim organitzat. Per als estats incapaços d'impedir l'evasió fiscal, la millor política és, probablement, aquella que pot substituir l'impost sobre la renda per un impost sobre el patrimoni (un gravamen sobre l'actiu net).

habitualment com a «renda universal»– s'ha d'ajustar de manera que no sigui mai un obstacle per a la participació de tothom a la vida econòmica, fins i tot amb una feina remunerada. La mirada convivialista cap al més pobre és efectivament la d'una fraternitat incondicional, acompanyada d'una oïda atenta que el pugui escoltar i d'una mà estesa per acollir les seves contribucions específiques.

- Una societat convivialista no pot tolerar que una part important de la població es vegi privada d'un lloc de treball mentre que l'altra part es veu sotmesa a un permanent excés de treball que genera angoixa i estrès. El dret a una feina amb un temps triat, que permet a cadascú de controlar el seu temps de vida per poder-ne extreure una obra personal, implica una nova relació amb el temps.

- Una societat convivialista introdueix, per combatre el capitalisme rendista i especulatiu, l'obligació d'una durada mínima de possessió de les accions, amb unes plusvàlues més gravades com més ràpida és la revenda. A l'extrem, la revenda en vint-i-quatre hores o menys suposa un gravamen sistemàtic del 100 % sobre l'eventual plusvàlua realitzada. Això dissuadeix completament les compra-vendes instantànies que no tenen cap lògica inversora en els projectes realitzats per empreses que es financen en el mercat de les accions.

- Una de les millors maneres de combatre l'evasió fiscal, especialment la de les multinacionals, és que l'impost sobre el seu benefici consolidat es gravi en proporció a la xifra de negoci aconseguida en cada país.

- Durant els últims quaranta anys, molts països –de fet, gairebé tots ells– han estat sotmesos a la «llei del mercat», que els ha enfonsat en un cercle viciós asfixiant. Com que els seus Estats van tenir una despesa superior als seus ingressos fiscals, van haver de manllevar i complir amb els estàndards de reducció dràstica dels salaris, de les pensions i del seu nivell de protecció social o sanitària, cosa que ha causat una reducció dels ingressos fiscals i una creixent incapacitat per retornar els deutes. Per fer-ho, van haver d'assumir cada cop més deute i pagar més interessos, i això només ha provocat que s'agreugés el problema, enriquint els més rics. Davant d'aquesta situació explosiva, ja és hora de pensar en una supressió dels deutes, seguint, per exemple, el model del jubileu propi de l'antic judaisme[16]. O, com a mínim, d'organitzar una «reestructuració» mundial dels deutes que permeti que cada Estat pugui reemborsar els deutes legítims (aquells que no hagin estat imposats per una injusta relació de forces) d'acord amb l'augment del seu PIB.

---

[16] Cada set vegades set anys, en altres paraules al cap de 50 anys, s'havien de tornar les terres alienades o empenyorades, s'havien de condonar els deutes i calia alliberar els esclaus.

Davant dels reptes i dels riscos climàtics i energètics cal fixar, de cara al 2040-2050, un objectiu «triple zero»:[17]

- zero emissions de gasos d'efecte hivernacle («neutralitat carboni»);
- zero consum d'energies fòssils (que implica acabar amb el carbó, el petroli i el gas fòssil);
- zero residus altament tòxics i d'alt risc.[18]

Per assolir-ho, cal reemplaçar les energies i els materials extrets del subsòl per les energies i els materials provinents del sol. L'energia solar en totes les seves formes, directes (fotovoltaica, tèrmica) o indirectes (eòlica, hidràulica, biomassa), ha de substituir les energies extractives fòssils (carbó, petroli, gas fòssil) i físsils (fissió d'urani). I els «materials solars» creats per la fotosíntesi de les plantes (els materials de base biològica) han de ser tant el primer recurs de les nostres construccions com el d'una carbo-bioquímica substituint l'actual petro-química per a la fabricació de tots els nostres objectes quotidians.

---

[17] Un objectiu com aquest pot semblar molt ambiciós, o fins i tot utòpic. Tanmateix, l'avalen els càlculs força precisos i detallats que ha realitzat l'Associació «négaWatt», el grup d'experts més reconegut a França, si més no a l'esquerra.
[18] La majoria dels signants d'aquest manifest donen suport a una sortida ràpida de l'energia nuclear, però una minoria significativa creuen que, donada la prioritat que s'ha de donar a la lluita contra el canvi climàtic i la complexitat tècnica del problema energètic, cal que el debat romangui obert. El mateix passa amb les possibilitats que ofereix l'hidrogen.

Aquesta doble substitució (energia i materials) del subsòl cap al sol només és possible en el marc d'una política energètica basada en l'ús just, l'intercanvi i el no-malbaratament (la sobrietat), i en la reducció de pèrdues a tots els nivells.

Serà impossible construir una societat ecològicament responsable sense repensar ni remodelar a fons l'estatus de l'empresa, així com les seves responsabilitats i la seva governança. És essencial, per descomptat, establir una millor divisió del poder entre els empleats i els accionistes. Això, però, no serà suficient per garantir que les empreses respectin els drets humans fonamentals, redueixin les desigualtats, protegeixin el medi ambient i la biodiversitat, lluitin de manera solidària i activa contra el perill del canvi climàtic. Cal actuar des de l'arrel, modificant el dret societari que és, des de fa dos-cents anys, la base legal de les empreses. Nous tipus d'empreses estan sorgint als Estats Units. Una llei francesa recent fa aparèixer, a partir d'ara, la responsabilitat social i mediambiental en la mateixa definició de la gestió empresarial. També permet que les empreses es dotin, més enllà de l'ànim de lucre, d'una missió social i mediambiental, i l'estat en vigilarà la sinceritat i la bona execució. Queda per assegurar que aquestes excepcions, que s'han pogut realitzar ara, esdevinguin la norma general.

POSTCREIXEMENT I DESMERCANTILITZACIÓ

Una societat convivialista serà necessàriament postcreixementista. Això vol dir que tindrà com a objectiu aquella prosperitat que no està condicionada únicament pel creixement il·limitat del PIB. La clau per a una prosperitat postcreixementista és la desmercantilització. Quan es parla de desmercantilització cal entendre totes les maneres de satisfer millor les necessitats amb menys mercaderies i menys diners. Un gran nombre de les pràctiques més o menys recents van en aquesta direcció: economia social i solidària, producció col·laborativa (de Viquipèdia a Fab Labs), plataformes d'intercanvi i de consum col·laboratives *(«accorderies»*, xarxes d'intercanvi recíproc, SEL, etc.), economia de la funcionalitat (a partir del model *Vélib)*, economia circular (reutilització, reciclatge, etc.). Totes aquestes fórmules es basen en combinacions inèdites de recursos mercantils i de recursos no mercantils i no monetaris. Van en la direcció d'una economia convivialista quan la motivació no monetària supera les motivacions mercantils i monetàries, com en el cas dels intercanvis gratuïts o «d'igual a igual», d'autoproducció i de mutualització dels béns, i en contraposició amb el que empreses com Uber o Airbnb ens ofereixen, que, sota l'aparença d'una economia de l'intercanvi, només projecten dimensions de gratuïtat per augmentar els beneficis. D'entre les mesures que cal fomentar a fi de facilitar la desmercantilització, podem citar:

- L'allargament de la durada de vida dels béns a través de la prohibició de l'obsolescència programada i la imposició de normes tècniques reguladores que faciliten la reparabilitat.

- La reducció de la necessitat monetària de les llars, especialment de llars amb pocs recursos, amb mesures com ara:

preus progressius de l'aigua i l'electricitat, una organització dels transports i serveis col·lectius que permeti una vida sense cotxe o que faciliti el cotxe compartit; el subministrament gratuït d'una informació personalitzada del cost real de l'ús dels béns i de com reduir les despeses, etc.

- La dràstica limitació de la publicitat (com a mínim, la prohibició de les formes més intrusives de publicitat no sol·licitada, a casa o a la xarxa).

- Una política de planificació/reducció del temps dissenyada per facilitar la pluralitat de les activitats, l'objectiu explícit de la qual seria donar a la gent més temps per participar en la vida social i en la producció de béns comuns no monetaris.

- Una orientació sistemàtica de la política de compres públiques a favor de la innovació ecològica i social (normes d'eco-sòcio-concepció en les licitacions, etc.). Una estratègia de desmercantilització tindrà inevitablement un impacte negatiu en el desenvolupament del sector mercantil i, per tant, en els ingressos tributaris i els mitjans d'acció de l'Estat. Es poden explorar diverses pistes per encarar aquest repte. Una de les més esmentades és el pluralisme monetari –per exemple, en forma de moneda no-convertible o només parcialment convertible en divises, emesa per l'Estat– per finançar els béns i els serveis essencials així com els intercanvis locals. En la lògica sistèmica que rau en la idea de desmercantilització, la resposta més creativa consistiria en desmonetitzar la mateixa acció pública mitjançant l'organització a gran escala de la participació voluntària dels ciutadans en el funcionament dels serveis públics i la producció de béns col·lectius, la qual cosa implica imaginar formes innovadores de col·laboració entre administracions i població. La implementació d'una «reserva ciutadana» en l'Educació Nacional[19], per exemple, demostra que no es tracta d'una utopia.

DESGLOBALITZACIÓ

Una societat convivialista postcreixementista iniciarà necessàriament un procés de desglobalització i de relocalització de les economies.

- En el pla internacional, la globalització neoliberal posa en competició els sistemes socials i ecològics, en especial en l'àmbit tributari i dels drets humans a benefici del dumping social, del dumping fiscal, del *dumping* ecològic i del *dumping* pel que fa a la protecció dels drets. Les societats convivialistes rebutjaran els acords de liberalització comercial imposats per les multinacionals i els substituiran per acords de cooperació internacional.

---

[19] La Reserva ciutadana en l'Educació Nacional francesa (2015), ofereix a la ciutadania la possibilitat de fer voluntariat per transmetre i donar vida als valors de la República a l'escola, al costat dels professors o en el marc d'activitats extraescolars.

- Aquests, inspirats en el principi de subsidiarietat econòmica i en la preocupació ecològica, hauran de permetre que tots els països puguin satisfer una proporció significativa de les seves necessitats a través de produccions locals, mentre que avui dia cadascú produeix, exporta i importa els mateixos béns, augmentant així el volum de mercaderies transportades i la seva petjada de carboni. En absència d'una regulació negociada, els impostos per quilòmetres recorreguts poden garantir la reducció d'aquests fluxos «innecessaris» i ecològicament costosos entre els països industrialitzats.

- En l'àmbit local de les comunitats de vida o de les zones d'ocupació, no cal que els intercanvis es facin en una moneda internacional, ni tampoc en una moneda nacional. Es poden realitzar a través de sistemes d'intercanvi local amb monedes complementàries. Moltes experiències d'aquesta mena existeixen a França, a Europa i al món. Ajuden a revitalitzar la democràcia des de baix i a crear vincles i mutualitats.

- D'acord amb aquesta mateixa lògica de relocalització, és necessari i possible (re)conquerir una sobirania industrial de base i la sobirania alimentària. Una sobirania alimentària que es pot organitzar, per exemple, a partir del model francès de les associacions per al manteniment d'una agricultura camperola (AMAP), que posen els consumidors en contacte directe i permanent amb agricultors i ramaders, però també amb formatgers, pagesos, flequers, arboricultors, etc.

A Europa s'ha instaurat una fragilitat addicional a l'experimentada per altres regions del món a causa de l'acceleració temerària d'una integració econòmica i monetària que no ha anat acompanyada de cap integració política i social. Aquesta desincronització suposa deixar molts països del conjunt europeu en un estat d'impotència i d'angoixa insuportable. Qualsevol solució que s'adopti, haurà de tenir com a objectiu indefugible el de lligar de nou, d'una forma o d'una altra: sobirania monetària, sobirania política i sobirania social.

CONTROLAR *L'HYBRIS* DE LES TECNOCIÈNCIES

La contracultura americana de la dècada de 1960 tenia l'esperança que, amb l'ordinador personal, tindríem els mitjans per evitar el centralisme dels poders estatals i per establir una comunicació il·lustrada entre les comunitats alliberades. Que, gràcies a ell, acompliríem els valors de convivialitat en oposició al món del consum desenfrenat. Però les utopies tecnològiques han canviat de bàndol. Han estat confiscades per les finances i la indústria. Els somnis que acompanyaven els visionaris que es van criar a les comunitats hippies, o en el seu entorn, han estat de curta durada. Les megamàquines han pres el poder i el món digital és ara controlat pel GAFAM californià o pel BATX xinès. Han colonitzat els imaginaris i ara es dediquen a donar crèdit a fantasies transhumanistes. La intel·ligència artificial s'ha convertit així en l'emblema d'una societat, l'operació de la qual, estaria totalment supervisada per algoritmes i que ofegaria les llibertats amb el pretext de garantir la seguretat o de prolongar la supervivència biològica de manera indefinida. Dels valors de convivialitat ja no en queda gairebé res en l'univers de les tecnociències. Les utopies tecnològiques tenen tan poc en compte el factor humà que anuncien que aquest serà aviat superflu: superflu en el món del treball, la major part de les activitats del qual seran aviat automatitzades i realitzades per robots; superflu en la vida social, el control de la qual neutralitzarà totes les iniciatives d'emancipació; superflu en la prospectiva mèdica que ja es deixa imposar l'ideal d'un humà augmentat (o fins i tot un posthumà); superflu en el món del dret, que ara s'esforça per concedir personalitat jurídica a les anomenades màquines «intel·ligents».

Resistir i comprendre és una urgència. Resistir a l'entusiasme tecnològic, a la fascinació innovadora, a les suposades facilitats d'una societat líquida. Comprendre la lògica dels dispositius que se'ns presenten com ineludibles –els que s'articulen amb l'acrònim NBIC[20] i que es presenten com el full de ruta obligatori de les polítiques de recerca modernes. Comprendre també l'ambivalència de les biotecnologies que anuncien l'era de la salut perfecta (o fins i tot de la immortalitat) tant com la de la fusió de l'humà amb el robot (el ciborg). Les «tisores moleculars» CRISPR-Cas09 revelen aquesta ambivalència: ens

---

[20] Es refereix a un camp científic multidisciplinari de la intersecció de la nanotecnologia (N), de les biotecnologies (B), de les tecnologies de la informació (I) i de les ciències cognitives (C).

enlluernen amb les teràpies gèniques («reparació») mentre susciten recerques eugenèsiques («modificació»). O és que els xinesos no estan ja planejant identificar gràcies a aquestes els gens associats amb els quocients intel·lectuals més eficients per copiar-los i importar-los en cèl·lules germinals o embrions que donarien origen a poblacions de superdotats? El convivialisme no pot minimitzar la dimensió de fracàs moral i d'alienació que compromet les ciències i les tecnologies contemporànies: instrumentalització i mercantilització dels cossos, control i reducció dels comportaments pel que fa al que és elemental, només accessible a les màquines, reducció de l'esfera de la vida privada... Aquestes ens proporcionen, sens dubte, moltes facilitats immediates, però totes aquestes facilitats, si les mirem en el seu conjunt, configuren una mena de societat que no volem. Per tant, és imprescindible regularitzar les decisions d'interès general i treure-les del poder d'aquests enginyers, metges, juristes o polítics que diuen que estan preparant un futur que ja no tindrà una cara humana. La regulació necessita instàncies deliberatives amb la potestat d'intervenir amb antelació a la programació de la investigació tecnocientífica, capaces d'imposar i d'organitzar la informació i el debat públic, creades per a la interacció amb estructures consultives. Aquestes instàncies emergiran amb l'apropiació ciutadana dels coneixements i de les condicions de l'avaluació ètica d'innovacions orientades cap a la preocupació per la vida bona i ja no per l'enriquiment de les esferes industrials i financeres.

Conclusió

ENIM un repte considerable: construir una societat convivial i universalitzable, que tingui com a objectiu assegurar una prosperitat, una dignitat i un benestar suficients per a tothom; una societat sense l'expectativa d'un fort creixement perpetu i perillós. Per a això, cal combatre totes les formes d'il·limitació i d'excés. La tasca sembla molt difícil i perillosa, ja que per aconseguir-ho caldrà fer front a poders enormes i temibles, ja siguin financers, materials, tècnics, científics o intel·lectuals, així com militars o criminals. Contra aquests poders colossals i sovint invisibles o il·localitzables, les dues principals armes seran, en un primer moment:

- La indignació sentida davant l'excés i la corrupció, i la vergonya que cal imposar a aquells que, directament o indirecta, activament o passiva, violen els principis de comuna naturalitat, de comuna humanitat i de comuna socialitat. Les pràctiques de *name and shame* (anomenar i avergonyir) i les crides al boicot poden ser molt eficaces si estan ben coordinades i es duen a terme en nom d'una ideologia coherent i ella mateixa irreprotxable. Penseu, per exemple, en l'impacte de #MeToo.

- El sentiment de pertinença a una comunitat humana mundial. De ser milions, desenes i centenars de milions, o fins i tot, a poc a poc, milers de milions d'individus, de tots els països, de totes les llengües, de totes les cultures i religions, de totes les condicions socials, participant en la mateixa lluita per a un món plenament humanitzat. Caldrà, però, que siguin capaços de compartir un símbol comú que els designi com a lluitadors tant per a la preservació de l'entorn natural com contra la corrupció i la il·limitació. La paraula «convivialisme» pretén ser aquest símbol. S'esvairà per si mateix si es troba un símbol més potent i més representatiu.

Sobre aquestes bases, serà possible que aquells que es reconeixen en els principis del convivialisme puguin influir radicalment en el joc polític instituït i desplegar tota la creativitat per multiplicar les altres formes de viure, de produir, de jugar, d'estimar, de pensar i d'ensenyar que ja s'estan buscant. **Convivialment,** gràcies a accions noviolentes. Competint sense odiar-se ni destruir-se. Reconstruint la confiança en el futur entre aquells que l'han perdut des de fa molt de temps. Des d'una perspectiva alhora de reterritorialització i de relocalització, i d'obertura a la societat civil mundial associacionista. Aquesta ja s'està construint de moltes maneres, i en especial a través de les diferents facetes de l'economia social i solidària o dels procomuns, a través de totes les formes de democràcia participativa o directa, en l'experiència dels fòrums socials mundials, etc. Internet, les noves tecnologies i la ciència es posaran al servei de la construcció d'aquesta societat civil, tant local com mundial. Tan fortament arrelada com oberta a l'alteritat. Així, es dibuixa un nou progressisme, alliberat alhora de l'economisme i del cientisme, i del tòpic que proclama que sempre més significa necessàriament sempre millor. Però, òbviament, una societat convivialista no es construirà per si mateixa, sense múltiples enfrontaments, per un simple efecte de la bona voluntat d'una humanitat finalment convertida i en possessió de millors sentiments. No serà fàcil decidir col·lectivament limitar-nos a nosaltres mateixos, especialment en el pla econòmic. La temptació de l'*hybris* no és exclusiva dels més rics i dels més poderosos. És present en tots els éssers humans, activament o potencial. En una societat convivialista, no es podrà dir que és «prohibit prohibir». Per tal que tothom pugui desplegar el seu desig de ser reconegut, exercint-lo en activitats prosocials, tenint en compte el bé comú, serà necessari establir un nou conjunt de normes, començant per aquelles que prescriuen la recerca del benefici per si mateix i per tant l'extrema riquesa que en resulta, la riquesa que s'acumula per *hybris* en la negació de la comuna naturalitat, de la comuna humanitat i la comuna socialitat. Com que l'actual norma social dominant, al contrari, es basa en la cobdícia, el culte del jo i la indiferència pel destí dels altres, la creació de noves normes convivialistes necessàriament generarà moltes i noves formes de delinqüència que s'afegiran a totes les que ja existeixen. Per tant, no es podrà ignorar ni la qüestió del tipus de repressió, ni les formes de càstig que caldrà adoptar. La regla general serà la de la justícia restauradora (és a dir, una confrontació ordenada, cara a cara, entre delinqüents i víctimes) i la d'un empresonament o de càstigs destinats no a destruir la subjectivitat, com és el cas en la majoria dels sistemes penitenciaris existents, sinó a permetre, al contrari, un autèntic treball d'individuació.

De manera més general, una societat convivialista serà una societat reflexiva i educativa. No es podrà implementar ni durarà si no ofereix als individus i als grups els mitjans per entendre millor allò que els motiva i per dominar les oposicions que resulten de la recerca de reconeixement que els impulsa a tots. Finalment, també serà reparadora. Haurà de permetre la recuperació de l'autoconfiança i de la seguretat emocional a tots aquells les vides dels quals han estat maltractades per les crisis econòmiques, per l'aïllament i la solitud provocats per la forma de vida neoliberal, per la misèria o les massacres que han portat a l'emigració, etc. De fet, hi haurà en aquestes tasques de cura, un enorme jaciment de llocs de treball potencials que la intel·ligència artificial difícilment podrà destronar. Amb tot, abans de plantejar qualsevol enfocament educatiu, el convivialisme aposta per la mobilització d'afectes i passions. No es fa res sense ells. El pitjor i el millor. El pitjor és la crida a l'assassinat, que alimenta les passions totalitàries, sectàries i fonamentalistes. El millor és el desig de construir a escala a la vegada planetària i local, societats que siguin efectivament democràtiques, civilitzades i convivials. L'aspiració de complir totes les promeses del present que s'han de fer palpables i fer que tothom les integri. Per simbolitzar i encarnar la unitat del convivialisme, per opinar amb prou autoritat i prou ressò mediàtic sobre les moltes qüestions urgents que s'han de decidir, serà assenyat crear ràpidament un esbós d'Assemblea mundial de la comuna humanitat que inclogui representants de la societat civil mundial associacionista, de la filosofia, de les anomenades ciències «exactes», de les ciències humanes i socials i dels diversos corrents ètics, espirituals i religiosos que es reconeixen en els principis del convivialisme.

A curt termini, el convivialisme ha de resoldre dues dificultats principals, ambdues relacionades amb el fet que pot semblar que hagi nascut tant de reflexions més o menys abstractes, sense relació directa amb les necessitats econòmiques immediates de cadascú com de les realitats de la política.

Pel que fa al primer punt, el convivialisme aparentment s'enfronta al mateix problema que tots aquells partits que se situen en l'òrbita de l'ecologia (són cada vegada més nombrosos, si més no en el discurs), però realment no es comprometen amb els canvis necessaris. Perquè, com es pot defensar veritablement el planeta i salvar el medi ambient sense destruir certs llocs de treball, aquells que pertanyen a activitats econòmiques contaminants i perjudicials que cal eliminar? Com es pot conciliar la por a la fi del món amb la preocupació pel final del mes? Per convèncer, no n'hi ha prou amb parlar amb els estrats socials més educats o amb els seus fills, ja conscients de la necessitat de combatre l'escalfament climàtic. Cal dirigir-se a tothom: armilles grogues, treballadors sindicalitzats o no, residents dels suburbis amb més atur... Una part de la resposta és la següent. L'objectiu del convivialisme és dibuixar els contorns d'una societat viable, fins i tot sense creixement del PIB, és a dir fins i tot amb la possibilitat que el PIB i el poder adquisitiu monetari s'estanquin, sigui per raons ecològiques o per raons econòmiques (l'»estancament secular» que alguns economistes han diagnosticat), o també després d'una crisi financera de gran abast. Hem demostrat que això és possible sempre que una part significativa de les necessitats es satisfacin de manera no mercantil, mitjançant relacions directes entre productors i consumidors: mitjançant la desmercantilització, la desglobalització i la relocalització.

No obstant això, no hem de privar-nos dels recursos financers actualment poc mobilitzats. Hem vist que l'acumulació de propostes per part dels candidats demòcrates nominats a les eleccions presidencials americanes, que només afecten els ingressos molt alts, els patrimonis i les herències, suposarien uns 400 mil milions de dòlars l'any. Això passa en molts altres països. A França, mesures similars –combinades amb una lluita més eficaç contra els paradisos fiscals i una gravació de les multinacionals (en particular les GAFAM) sobre facturació a cada país– aportaria uns 50 mil milions d'euros anuals, en condicions idèntiques. Això seria suficient per finançar una veritable renda universal[21] que, per exemple, permetria que els agricultors o els comerciants que estimen la seva professió, però que estan constantment al caire de la fallida (i del suïcidi), poguessin sentir-s'hi a gust sense l'obligació de buscar-hi la font exclusiva dels seus ingressos.

---

[21] Si comptem 500 euros al mes per adult, afegits a determinats ajuts socials mantinguts (per exemple, l'Ajut Personalitzat a l'Habitatge), el pressupost net d'una renda universal seria de 40 mil milions d'euros anuals a França.

També seria suficient per iniciar la indispensable transició ecològica mitjançant l'eliminació d'aquells habitatges molt deficients energèticament i per posar remei a la gran misèria dels hospitals o de les presons, etc. Aquestes xifres donen una idea dels marges de maniobra de què disposaríem si els més rics ja no tinguessin possibilitat d'eludir el deure de solidaritat implicat en els tres principis de comuna naturalitat, comuna humanitat i comuna socialitat. Ara bé, són immediatament necessaris dos aclariments. D'una banda, és evident que el convivialisme no es constituirà en un país aïllat de la resta del món. Serà difícil de seguir endavant si la riquesa que es grava aquí pot trobar immediatament refugi en un altre lloc. Aquesta és la raó per la qual és vital que els principis del convivialisme -amb aquest nom o amb un altre, tant se val- puguin desencadenar una gran onada de l'opinió pública mundial. D'altra banda, no hauríem de creure ni deixar creure que, si recuperem un cert marge de maniobra financera, tot començaria de nou com abans, sense canviar res en la nostra forma de vida. En una paraula, hem de raonar en un esperit completament diferent del del keynesianisme estatal (que creu que pot solucionar-ho tot fomentant el creixement del PIB a través de la despesa pública) i abandonar la il·lusió d'un «creixement verd» (que només seria una nova modalitat de la carrera eterna cap a la riquesa, amb el repte ecològic, de fet, com un mer pretext).

INNOVAR POLÍTICAMENT

Això planteja la qüestió del posicionament polític del convivialisme. És evident que el convivialisme no es podrà imposar sense entrar en un moment o un altre, d'una manera o d'una altra, en el camp del joc polític establert. I aquesta és una altra contradicció que cal resoldre. El convivialisme aposta principalment pel poder de la societat civil, o, per dir-ho més bé, de la societat cívica, és a dir sobre la mobilització de tots els que es preocupen pel bé comú. Aquestes persones, però, i de manera molt generalitzada, es malfien de la política i dels polítics (que, d'altra banda, els ignoren el més sovint, excepte en el moment de les eleccions). No es neguen necessàriament a fer política, sempre que aquesta es faci «d'una altra manera», bandejant les dones i els homes polítics professionals. Ara bé, aquest rebuig els condemana precisament a la dispersió de les seves forces, a una gran invisibilitat i, en definitiva, a una gran impotència davant del mercat o de l'Estat.

Què es pot fer? En el futur immediat, i especialment quan es preparen eleccions locals, suggerir als polítics professionals o paraprofessionals que estiguin d'acord amb aquest Segon Manifest Convivialista, que l'assumeixin. Al capdavall, el convivialisme no pertany a ningú i la seva força ve precisament del fet que reuneix persones de diferents orígens polítics i ideològics. Per ara, per tant, només podem aspirar a ser «recuperats». Si alguns ho fessin de manera abusiva, seria molt fàcil denunciar-los. Però el convivialisme només podrà fer una entrada real a la política si els valors que porta i les solucions que proposa són àmpliament compartits. Com podem assegurar-nos que ho siguin i com saber-ho i fer-ho saber? Moltes persones ja convençudes pel convivialisme es pregunten com podrien contribuir-hi. I, precisament perquè el convivialisme no és una organització i encara menys un partit, no podem proposar-los que s'hi adhereixin. En aquest punt, hi ha dues maneres d'actuar. El primer, almenys a França (però també a Alemanya),[22] és comentar aquest Segon Manifest Convivialista i enriquir-lo donant a conèixer experiències o anàlisis inèdites. Les webs www.convivialisme.org i www.lesconvivialistes.org tenen aquesta funció. Però la manera més simple i efectiva perquè es faci visible l'adhesió als valors i a les anàlisis convivialistes és que tots els qui ho comparteixen portin, allà on viuen i on treballen, una insígnia que simbolitza aquestes esperances comunes. Aquesta insígnia ja existeix a França. Es presenta amb les lletres AH! Això pot significar, per exemple, Avançar en Humanitat, l'Anti-*Hybris*, Alter-Humanisme, Anti-Hostilitat, etc. Cadascú és lliure de triar el significat que li convingui. Això demostra que els camins del convivialisme són plurals, que el convivialisme no és cap dogma, sinó una actitud.[23] I una esperança, en un món que no en té gaire. La nostra esperança és que si els que porten aquesta insígnia, o una altra més endavant, són cada cop més nombrosos, es podran reconèixer mútuament i dialogar allà on viuen o on treballen, a l'hospital, a l'escola, a les presons, als instituts, en l'agricultura, en les empreses, en les mutualitats, en els sindicats, etc. Aleshores, podran començar a dibuixar els contorns dels espais de treball o vida amb més convivialitat. D'aquesta

---

[22] Vegeu www.diekonvivialisten.de

[23] Les raons d'aquesta insígnia i la manera d'obtenir-la s'expliquen a la web www.ah-ensemble.org

manera, de fet, s'esbossarà una societat postneoliberal. Llavors, potser, caldrà començar a pensar en la creació d'una organització, o fins i tot d'una organització política convivialista. En forma d'un arxipèlag?[24] Potser. Qui no veu com els partits polítics existents són cada vegada més incapaços de parlar amb la majoria de la ciutadania aportant esperances creïbles? Ara només prosperen els que donen veu a l'angoixa, a l'odi i al ressentiment mobilitzant-los contra bocs emissaris. Tots suggereixen que si només tornés el creixement (i es presenten com els que hi poden contribuir millor) i si s'eliminessin els bocs expiatoris, llavors es resoldrien tots els problemes. Això, estarem d'acord, no és gens estimulant. No és sorprenent que, en aquestes circumstàncies, cada cop més votants s'abstinguin i que cada cop més, sobretot entre els joves, ja no es cregui en la democràcia o en les institucions. I és que, senzillament, ja no confien en el futur. Per tant, sí, seria més que benvinguda una forma o una altra de partit convivialista que tornés l'esperança, mostrant quina nova mena de societat és possible construir. Però la comesa d'embarcar-se en aquest imprescindible projecte polític no pertany a intel·lectuals com els que han contribuït a la redacció d'aquest manifest. No és la tasca que han de fer. Són uns altres, especialment els més joves, que ho han d'assumir ara. Parlem-ne tots junts. És el seu futur que han de construir, i ningú no ho farà per ells.

---

[24] Tal com ho proposa i ho implementa a França, per exemple, la xarxa «Osons les jours heureux» (Gosem els dies feliços).

Els signants

ᴾᴇʀ què aquests signants i no uns altres? Per què els milers o desenes de milers d'altres personalitats que podrien haver estat o serien també susceptibles i potencialment disposades a unir-se a la llista? I per què, a més, limitar-se a aquells que poden ser considerats «personalitats»?

La resposta a aquesta segona pregunta és senzilla: esperem ferventment que milions o desenes de milions de persones es puguin reconèixer àmpliament en el convivialisme i contribuir-hi, però bé, cal començar per algun lloc. Per tenir la possibilitat de crear un efecte bola de neu és important que els primers signants siguin suficientment coneguts i respectats. Però no ens hem d'aturar aquí de cap manera. Per tant, convidem tots aquells que ho desitgin, almenys a França, a mostrar el seu suport al convivialisme anant a www.convivialisme.org, com ja fou el cas amb el primer Manifest convivialista al web www.lesconvivialistes.org. Això permetrà, com a mínim, que circulin informacions sobre possibles iniciatives futures. I per què, primera pregunta, per què aquests signants i no uns altres? Aquí de nou per comoditat. Perquè era impossible avançar de cap altra manera sinó contactant aquells amb qui els signants del primer manifest ja estaven en contacte a França i arreu del món. Començant amb altres persones, probablement s'haurien format unes altres xarxes, probablement, tot i que segurament s'haurien barrejat parcialment amb el que apareix aquí. Amb tot, la llista dels signants d'aquest segon manifest té una consistència real. Provenen de 33 països diferents, això permet parlar d'una Internacional convivialista, encara que aquesta no tingui cap realitat organitzativa o institucional i, per tant, és totalment informal. Com va néixer el segon manifest? Alain Caillé va escriure una primera versió, que recuperava elements del primer manifest. De seguida, es va fer una primera traducció a l'anglès, i això va permetre iniciar un autèntic debat internacional. S'hi han incorporat dotzenes de contribucions o de propostes, d'afegits, d'esmenes o de canvis. Alguns només eren dues o tres paraules, o algunes línies, d'altres eren paràgrafs sencers. Molts signants simplement van indicar el seu acord, però al capdavall es tracta realment d'un text plural i internacional. El lector trobarà els noms dels signants aquí sota i una ràpida presentació de qui són i què fan. Una gran part d'ells han escrit molts llibres. Per no allargar massa aquesta presentació, només s'esmenta un dels llibres.

TETSUO ABO (Japó), catedràtic honorari a l'Institut de Ciències socials, universitat de Tokio, director del grup de recerca en gestió JMNESG. *The Hybrid Factory. The Japanese Production System in the United States*, Oxford University Press, 1994.

DARON ACEMOGLU (Turquia, Estats Units), economista, professor d'economia al Massachusetts Institute of Technology (MIT), titular de la càtedra Charles P. Kindleberger, medalla John-Bates-Clark el 2005. *Why Nations Fail* (amb J. A. Robinson), Crown Publishers, 2012.

JEAN-PHILIPPE ACENSI, delegat general de l'Agència per a la educació per l'esport (APELS), president del moviment ciutadà «Bleu, Blanc, Zèbre».

ALBERTO ACOSTA (Equador), economista i militant equatorià, ex-president de l'Assemblea constituent de l'Equador. *El Buen Vivir*, Icaria, 2013.

MICHEL ADAM, enginyer i sociòleg, militant associacionista, president del Centre d'estudis europeu Jean Monnet a Cognac. *L 'Association, image de la société*, L 'Harmattan, 2008.

FRANK ADLOFF (Alemanya), catedràtic de sociologia, a la universitat de Hambourg. *Politik der Gabe. Für ein anderes Zusammenleben*, Nautilus, 2018.

THAIS AGUIAR (Brasil), catedràtica de ciències polítiques a la universitat federal de Rio de Janeiro. *Demofobia e demofilia. Dilemas da democratização*, Azougue Editorial, 2015.

CHRISTOPHE AGUITON, professor associat en sociologia del web a la universitat Paris-Est Marne-la-Vallée, creador de «Agir ensemble contre le chômage!» [Actuar junts contra l'atur] i cofundador d'Attac. *La Gauche du XXIe siècle, enquête sur une refondation*, La Découverte, 2017.

SHOKI ALI SAID (Etiòpia), president de la associació France-Éthiopie Corne de l'Afrique, copresident de la associació Dialogues en humanité [Diàlegs en humanitat].

CENGIZ AKTAR (Turquia), economista, politòleg i periodista, professor emèrit a la facultat de Ciències econòmiques i administratives de Bahçeşehir (Istanbul), iniciador de la petició de perdó dels turcs als Armenis L 'Appel au pardon [La crida al perdó]. *Des Turcs s'adressent aux Arméniens*, CNRS Éditions, 2010.

CLAUDE ALPHANDÉRY, resistent, president d'honor del laboratori de l'École sociale et solidaire i de France active, president honorari del Conseil national de l'insertion par l'activité économique i del Conseil supérieur de l'économie sociale et solidaire. *Une famille engagée. Secrets et transmission*, Odile Jacob, 2015.

HIROKO AMEMIYA (Japó, França), antropòleg, professor titular honorari en llengua i civilització japoneses a la universitat Rennes-2, especialista dels circuits curts de comercialització. *Du Teikei aux Amap*, Presses universitaires de Rennes, 2012.

GENEVIÈVE ANCEL, cofundadora i coordinadora de la xarxa mundial dels Dialogues en humanité [Diàlegs en humanitat], administradora territorial a la Metròpoli de Lió.

CATHERINE ANDRÉ, periodista, cofundadora i redactora en cap del web multilingüe VoxEurop i redactora en cap adjunta d'Alternatives econòmiques.

KATHYA ARAUJO (Perú), sociòloga i psicoanalista, professora a l'Instituto de Estudios Avanzados de la Universidad de Santiago de Chile. *El miedo a los subordinados. Una teoría de la autoridad*, Lom, 2016.

MARGARET ARCHER (Regne-Unit), catedràtica emèrita de sociologia a la universitat de Warwick (GB), teòrica del realisme crític, primera presidenta (1960) de la Associació Internacional de Sociologia, membre fundador de l'Acadèmia Pontifical de les Ciències Socials. *Le Réalisme critique. Une nouvelle ontologie pour la sociologie* (amb F. Vandenberghe), Le Bord de l'eau, 2019.

MARCOS ARRUDA (Brasil), economista i pedagog, director de Políticas alternativas para o Cone Sul (Rio de Janeiro), institut que pertany a la xarxa IPAM (Iniciatives per a un altre món). *A formação de ser humano integral. Homo evolutivo, praxis e economia solidária*, PACS/Editoria Vozes, 2003.

RIGAS ARVANITIS (Grècia, França), sociòleg, director del Centre Population et Développement (Ceped, IRD), treballa en la constitució de comunitats científiques en els països del Sud i en polítiques de recerca i d'innovació. *Knowledge Production in the Arab World. The Impossible Promise* (amb Sari Hanafi), Routledge, 2015.

ASH AMIN (Regne-Unit), titular de la càtedra 1931 del Departament de Geografia de la Universitat de Cambridge. *Seeing Like a City* (amb Nigel Thrift), Polity Press, 2016.

GENEVIÈVE AZAM, economista, assagista, membre del Consell científic d'Attac i del comitè de redacció de *Terrestres, Revue des livres, des idées et des* écologies (terrestres.org). *Lettre à la Terre. Et la Terre répond*, Seuil, 2019.

LAURENCE BARANSKI, professora associada a la universitat Paris-2 Panthéon-Assas, orientadora, consellera especialista en processos de canvi personal i col·lectiu, implicada en dinàmiques ciutadanes. *Le Coming out spirituel*, Exergue, 2017.

MARC DE BASQUIAT, enginyer i economista, fundador de StepLine, president de l'Association pour l'instauration d'un revenu d'existence (AIRE) [Associació per a la instauració d'una renda d'existència].

PHILIPPE BATIFOULIER, catedràtic de ciències econòmiques a la universitat Paris 13, director del Centre d'economia de la universitat Paris-Nord (CEPN, UMR CNRS 7234). *Capital salut. Quand le patient devient client*, La Découverte, 2014.

JEAN BAUBÉROT, catedràtic honorari a la École pratique des hautes études («Història i sociologia de la laïcitat»). *La Loi de 1905 n'aura pas lieu*, Maison des sciences de l'homme, 2019.

MICHEL BAUWENS (Bèlgica), teòric dels comuns, fundador de la Fondation

P2P (Peer-to-Peer). *Manifeste pour une veritable économie collaborative. Vers une Société des comuns* (amb Vasilis Kostakis), Charles Léopold Mayer, 2017.

MARCEL BÉNABOU, historiador i escriptor, secretari definitivament provisional i després secretari provisionalment definitiu de l'OULIPO (Ouvroir de littérature potentielle. *Le Voyage d'hiver et ses suites,* Seuil, 2014.

RAYMOND BENHAÏM (Algèria), economista, consultor i militant en diverses organitzacions de la societat civil, nacionals i internacionals, president de Racines «Associació per al desenvolupament cultural al Marroc i en Àfrica».

DOROTHÉE BENOÎT-BROWAEYS, periodista científica, directora de Tek4life, cofundadora de l'associació VivAgora. *L'Urgence du vivant vers une nouvelle* économie, François Bourin, 2018.

AUGUSTIN BERQUE, geògraf i orientalista, director d'estudis a l'École des hautes études en sciences sociales, membre de l'Académie européenne, premi Cosmos internacional 2018. *Poétique de la Terre. Histoire naturelle et histoire humaine, essai de mésologie,* Belin, 2014.

YVES BERTHELOT, economista, antic funcionari de les Nacions Unides, president del Comitè francès per a la solidaritat internacional i del Centre internacional Développement et civilisations – Lebret-Irfed. *Chemins d'économie humaine* (amb Lourthusamy Arokiasamy, Andrés Lalanne et Lily Razafimbelo), Le Cerf, 2016.

ROMAIN BERTRAND, director de recerca al Centre de Recherches Internationales (CERI, Sciences PoCNRS), especialista de la història de les colonitzacions europees a l'Àsia. *Le Détail du monde. L'art perdu de la description de la nature,* Seuil, 2019.

JEAN-MICHEL BESNIER, catedràtic emèrit de filosofia a la Sorbonne Université. *L'Homme simplifié. Le syndrome de la touche* étoile, Fayard, 2012.

LEONARDO BOFF (Brasil), fou un dels caps visibles de la teologia de l'alliberament durant els anys 1970-1980, distingit amb el premi Nobel alternatiu el 2001. *The Tao of Liberation. Exploring the Ecology of Transformation* (amb Mark Hataway), Orbis Books, 2009.

SUSANNE BOSCH (Alemanya), artista i investigadora independent. *Art in Context. Learning from the Field. Conversations with and between Art and Cultural Practitioners* (amb Herman Bashiron Mendolicchio), Goethe Institut, 2017.

DANIEL BOUGNOUX, filòsof, catedràtic emèrit a la universitat Grenoble-Alpes. *La Crise de la représentation,* La Découverte poche, 2019.

MALEK A. BOUKERCHI (Algèria), ultra-maratonià, fundador d'Arsynoe, escriptor-poeta social, conferenciant filo-contista, expert en intel·ligència relacional / integració situacional (IRIS), «vigilant-teixidor de somnis». *Il était une fois en Antarctique. Du rêve au dépassement de soi,* First Éditions, 2015.

DOMINIQUE BOURG, filòsof, catedràtic honorari a la universitat de

Lausanne, antic president del consell científic de la Fundació Nicolas Hulot. *Le Marché contre l'humanité*, PUF, 2019.

PASCAL BRANCHU, treballador social i activista en temes d'agricultura urbana i de protecció dels grans arbres, en especial en entorns urbans densos.

GENEVIÈVE BRISAC, escriptora, membre de l'ONG Bibliothèques sans frontières. *Week-End de chasse à la mère*, L'Olivier, 1996, prix Femina.

AXELLE BRODIEZ-DOLINO, historiadora contemporània al CNRS, especialista en temes de pobresa-precarietat i humanitaris. *La Protection sociale en Europe au XXe siècle* (amb Bruno Dumons), Presses universitaires de Rennes, 2014.

WENDY BROWN (Estats Units), catedràtica en ciències polítiques a la universitat de Califòrnia a Berkeley. *Défaire le dèmos. Le néolibéralisme, une révolution furtive*, Amsterdam, 2018.

FABIENNE BRUGÈRE, catedràtica de filosofia de les arts modernes contemporànies a la universitat Paris-8. *On ne naît pas femme, on le devient*, Stock, 2019.

LUIGINO BRUNI (Itàlia), economista i filòsofa, catedràtica a la universitat de Milan-Bicocca, teòrica de l'economia civil i de l'economia de comunió. *Economia civile e sviluppo sostenibile* (amb L. Berchetti i E. Zamagni), Ecra, 2019.

JAIME RÍOS BURGA (Perú), catedràtic de sociologia i de ciència política a la universitat de Lima. «Colonialidad y descolonialidad como imaginarios en el sistema mundo moderno/colonial», in Julio Mejía Navarrete (dir.), *América Latina en debate. Sociedad, conocimiento e intelectualidad*, URP, Lima, 2011.

VALÉRIE CABANES, jurista en dret internacional, especialista en drets humans i en dret humanitari; ecologista i assagista, va participar en la creació del moviment ciutadà End Ecocide on Earth que defensa el projecte de dur a terme el reconeixement en el dret internacional de l'ecocidi com a crim contra la pau i contra les futures generacions. És a l'origen de la petició en xarxa «L'Affaire du siècle». *Homo natura. En harmonie avec le vivant*, Buchet-Chastel, 2017.

ALAIN CAILLÉ, catedràtic emèrit de sociologia a la universitat Paris-Nanterre, director de La Revue du MAUSS, un dels animadors del moviment dels convivialistes. *Extensions du domaine du don. Demander-donner-recevoir rendre*, Actes Sud, 2019.

MATTHIEU CALAME (França, Suïssa), enginyer agrònom, director de la Fondation Charles Léopold Mayer pour le progrès de l'homme. *La France contre l'Europe. Histoire d'un malentendu*, Les Petits Matins, 2019.

CRAIG CALHOUN (Estats Units), sociòleg americà, ex-director de la London School of Economics and Political Science (2012-2016), després primer president del Berggruen Institute. *Does Capitalism Have a Future?* (amb Imanuel Wallerstein, Randall Collins, Michael Mann i Georgi Derluguian), Oxford University Press, 2013.

HERNANDO CALLA (Bolívia), activista en les organitzacions camperoles bolivianes, traductor de desenes de llibres entre els quals *La verdadera riqueza de las naciones. Creando una economía del cuidado de Riane Eisler*, Fundación Solon / Trenzando Ilusiones, 2014.

BELINDA CANNONE, novel·lista, assagista i professora titular de literatura comparada a la universitat Caen-Normandie. *La Forme du monde*, Arthaud, 2019.

LUÍS R. CARDOSO DE OLIVEIRA (Brasil), catedràtic d'antropologia a la universitat de Brasília, antic president de l'Associació brasilera d'antropologia (2006-2008). *Direito legal e insulto moral. Dilemas da cidadania no Brasil, Quebec e EUA*, Garamond, 2011.

JORGE CARILLO (Mèxic), investigador al Collège de la Frontière Nord (Colef), treballa en la innovació i l'aprenentatge tecnològic a Mèxic. *Made in México. Desafios para la ciència y la innovación en la frontera norte*, Comecso, 2016.

GENAUTO CARVALHO DE FRANCA FILHA (Brasil), catedràtic a la universitat federal de Bahia, *Ação publica e economia solidaria. Uma perspectiva internacional*, UFRGS, 2006.

BARBARA CASSIN, filòsofa i filòloga, directora de recerca del CNRS, membre de l'Académie française. *Le Vocabulaire européen des philosophies. Dictionnaire des intraduisibles* (dir.), Seuil i Le Robert, 2004.

JOSÉ CASSIOLATO (Brasil), catedràtic emèrit a la universitat federal de Rio de Janeiro, antic secretari d'Estat al ministeri de la Ciència i de la Tecnologia, ex-director de Global Research Network on the Economics of Learning, Innovation and Competence Building Systems.

SILVIA CATALDI (Itàlia), investigadora en sociologia a La Sapienza, universitat de Rome, animadora del grup Social One. *Culture of Peace. The Social Dimension of Love* (amb Vera Araujo), L 'Harmattan, 2016.

PHILIPPE CHANIAL, catedràtic de sociologia a la universitat de Caen-Normandie, redactor en cap de La Revue du MAUSS. *La Société vue du don. Manuel de sociologie anti-utilitariste appliquée* (dir.), La Découverte, 2008.

FRANÇOIS CHATEAURAYNAUD, director dels estudis a l'École des hautes études en sciences sociales, director del grup de sociologia pragmàtica i reflexiva va introduir el concepte de «lanceur d'alerte» [revelador d'informació] (1990). *Aux bords de l'irréversible. Sociologie pragmatique des transformations* (amb Josquin Debaz), Pétra, 2017.

HERVÉ CHAYNEAUD-DUPUY, animador dels Ateliers de la citoyenneté [Tallers de la ciutadania]. *Citoyen pour quoi faire ? Vers une démocratie sociétale*, Chronique sociale, 2016.

ÈVE CHIAPELLO, directora dels estudis a l'École des hautes études en sciences sociales, catedràtica de sociologia de les transformacions del capitalisme. *Management Tools. A Social Sciences Perspective* (amb Patrick Gilbert), Cambridge University Press, 2019.

NOAM CHOMSKY (Estats Units), catedràtic emèrit de lingüística al Massachusetts Institute of Technology (MIT), fundador de la lingüística generativa i intel·lectual compromès. *Optimism over Despair. O Capitalism, Empire, and Social Change*, Penguin, 2017.

PHILIPPE CIBOIS, catedràtic emèrit de sociologia a la universitat de Versailles-Saint-Quentin-en-Yvelines. *La Source, école de la confiance* (en col·laboració amb Jeanne Houlon), Fabert, 2007.

SÉBASTIEN CLAEYS, filòsof, responsable de la mediació a l'Espace éthique / Île-de-France i columnista de la revista Socialter. *De disruption à prosommateur. 40 mots-clés pour le monde de demain*, Le Pommier, 2018.

DENIS CLERC, economista, fundador de la publicació mensual Alternatives econòmiques que va dirigir durant vint anys. *Déchiffrer l'économie*, La Découverte, 201 (19a ed.).

GABRIEL COHN (Brasil), sociòleg, catedràtic emèrit de sociologia a la universitat de São Paulo. Weber, Frankfurt. *Teoria e pensamento social*, Azougue, 2017.

GABRIEL COLLETIS, catedràtic d'economia a la universitat de Toulouse-1 Capitole, investigador del Laboratori d'estudi i de recerca en economia, polítiques i sistemes socials, va crear i presideix l'associació del Manifest per a la industria (manifestepourlindustrie.org).

CATHERINE COLLIOT-THÉLÈNE, filòsofa política, catedràtica a la universitat de Rennes, membre de l'Institut universitari de França. *La Démocratie sans «demos»*, PUF, 2011.

JOSETTE COMBES, sociolingüista, professora titular honorària a la universitat de Toulouse-2 Le Mirail, membre de nombroses xarxes nacionals i europees de l'economia social i solidària, presidenta del Moviment per a l'economia solidària i delegada al RIPESS intercontinental.

CHRISTIAN COMÉLIAU, catedràtic honorari a l'Institut universitari d'estudis del desenvolupament, universitat de Ginebra. *La Croissance ou le Progrès ? Croissance, décroissance, développement durable*, Seuil, 2006.

EUGENIA CORREA (Mèxic), catedràtica d'economia a la universitat nacional autònoma de Mèxic, membre de l'Acadèmia mexicana de les ciències, va rebre el premi de la universitat nacional el 2006. *Crisis y desregulación financiera*, Editorial Siglo XXI.

SERGIO COSTÀ (Brasil, Alemanya), catedràtic de sociologia a la universitat lliure de Berlin. *A Port in Global Capitalism. Unveiling Entangled Accumulation in Rio de Janeiro* (amb Leite Gonçalves Guilherme), Routledge, 2019.

THOMAS COUTROT, estadístic i economista, especialista en temes de lligams entre treball, salut i democràcia, copresident d'Attac France (2009-2016). *Libérer le travail*, Seuil, 2018.

FLORIAN COUVEINHES-MATSUMOTO, professor titular de dret públic a l'École normale supérieure (Ulm), especialista en dret International i en filosofia del dret, treballa en una concepció «convivialista» del dret. *Les États face aux juridictions internationales. Une analyse des politiques* étatiques *relatives aux juges internationaux* (amb Raphaëlle Nollez-Goldbach), Pedone, 2019.

DANIEL CUEFF, batlle de Langouet, població compromesa des del 1999 amb l'ecologia social. Ecologista regionalista, sense etiqueta.

ÉRIC DACHEUX, catedràtic en ciències de la informació i de la comunicació a la universitat Clermont Auvergne, membre de la Xarxa interuniversitària dels investigadors en economia social i solidària. *Principes d'économie solidaire* (amb Daniel Goujon), Ellipses, 2017.

JEAN-YVES DAGNET, guionista-director de vídeo i conferenciant en temes de desenvolupament agrícola i rural.

FRANCIS DANVERS, catedràtic emèrit en psicologia de l'educació a la universitat de Lille, vicepresident de la universitat popular de Lille. *S'orienter dans la vie: une valeur suprême ?*, Presses universitaires du Septentrion, 2020.

MIREILLE DELMAS-MARTY, jurista, catedràtica honorària al Collège de France, membre de l'Acadèmia de les ciències morals i polítiques, presidenta de l'Observatori Pharos del pluralisme de les cultures i de les religions. Aux quatre vents du monde. *Petit guide de navigation sur l'océan de la mondialisation*, Seuil, 2016.

FEDERICO DEMARIA (Espanya), investigador a la Universitat Autònoma de Barcelona. *Pluriverse. A PostDevelopment Dictionary* (codir.), Tulika Book, 2019.

PHILIPPE DESCOLA, antropòleg, catedràtic emèrit al Collège de France, medalla d'or del CNRS. *Par-delà nature et culture*, Gallimard, 2005.

ERICA DEUBER ZIEGLER (Suïssa), historiadora de l'art i política, catedràtica honorària. *Culture & Cultures* (amb Réda Benkirane), Infolio, 2007.

JEAN-CLAUDE DEVÈZE, agrònom, membre del Pacte cívic i de Democràcia i Espiritualitat. *Vers une civilisation-monde alliant culture, spiritualité et politique*, Chronique sociale, 2020.

FRANÇOIS DOLIGEZ, agroeconomista a l'IRAM, professor-investigador associat a l'UMR8586 Prodig. «Diversité et potentialités de l'ESS au Maghreb dans un contexte de transition», Revue internationale de l'économie sociale, n°4, 2019.

JEAN-PHILIPPE DOMECQ, novel·lista i assagista. *La Monnaie du temps et autres textes politiques*, Agora Pocket, 2018.

PIERPAOLO DONATI (Itàlia), sociòleg, catedràtic a la universitat de Bolonya, antic president de l'Associació sociològica italiana. *Relational Sociology. A New Paradigm for the Social Sciences*, Routledge, 2011.

MICHAEL DREILING (Estats Units), catedràtic de sociologia política i mediambiental, director del departament de sociologia de la universitat d'Oregon. *Agents of Neoliberal Globalization. Corporate Networks, State Structures, and Trade Policy* (amb Derek Darves), Cambridge University Press, 2016.

FRANÇOIS DUBET, sociòleg, va ser director dels estudis a l'École des hautes études en sciences sociales i catedràtic a la universitat de Bordeus. *Le Temps des passions tristes. Inégalités et populisme*, Seuil, 2019.

STÉPHANE DUFOIX, catedràtic de sociologia a la universitat Paris-Nanterre i membre del laboratori Sophiapol (Sociologia, Filosofia i Antropologia polítiques), membre sènior de l'Institut universitari de France (IUF), també té docència a Sciences Po Paris. *La Dispersion. Une histoire des usages du mot «diaspora»*, Amsterdam, 2012.

DANY-ROBERT DUFOUR, filòsof, catedràtic. *Baise ton prochain. Une histoire souterraine du capitalisme*, Actes Sud, 2019.

JEAN-PIERRE DUPUY, catedràtic a la universitat Stanford. *La guerre qui ne peut pas avoir lieu*, Desclée de Brouwer, 2019.

TIMOTHÉE DUVERGER, professora associada a Sciences Po Bordeus i al Centre Émile Durkheim, especialista en economia social i solidària, en decreixement i en renda bàsica. *L'Invention du revenu de base. La fabrique d'une utopie démocratique*, Le Bord de l'eau, 2018.

SHIRIN EBADI (Iran), jutgessa, premi Nobel de la pau 2003.

ADALBERT EVERS (Alemanya), catedràtica emèrita al Centre for Social Investment (CSI), universitat de Heidelberg. *Social Policy and Citizenship. The Changing Landscape* (amb Anne-Marie Guillemard), Oxford University Press, 2013.

EMMANUEL FABER, conseller delegat del grup Danone.

OLIVIER FAVEREAU, professor emèrit en ciències econòmiques a la universitat Paris-Nanterre, animador de l'École des conventions. *Entreprises: la grande déformation*, Parole et silence, 2014.

ANDREW FEENBERG (Estats Units), filòsof de la tècnica, antic estudiant d'Herbert Marcuse, actualment titular de la Canadian Research Chair in Philosophy of Technology a la Simon Fraser University de Vancouver. *Questioning Technology*, Routledge, 1999.

CHRISTIAN FELBER (Àustria), animador-fundador de la xarxa Economia del bé comú. *Change Everything. Creating an Economy for the Common Good*, ZED Books, 2015.

FRANCESCO FISTETTI (Itàlia), catedràtic de filosofia contemporània a la universitat de Bari, director de la revista en xarxa Post filosofie. *Il filosofo e il tiranno. Viaggio nel cuore di tenebra del XX secolo*, Morlacchi, 2018.

ANNE-MARIE FIXOT, catedràtica, geògrafa, investigadora en ciències humanes i socials, animadora del Grup d'educació i de discussió popular Démosthène (Caen).

DAVID FLACHER, ensenya economia a la universitat de tecnologia de Compiègne, portaveu del moviment Utopia i vicepresident de l'Organisation pour une citoyenneté universelle. *Réguler le secteur des télécommunications? Enjeux et perspectives* (amb Hugues Jennequin), Economica, 2007.

FRANÇOIS FLAHAULT, filòsof, director de la recerca emèrit al CNRS. *Où est passé le bien commun?*, Mille et une nuits, 2011.

FABRICE FLIPO, filòsof, docent a l'IMT-BS, investigador del Laboratori de canvi social i polític a la universitat de Paris-VII. *Nature et politique. Contribution à une anthropologie de la modernité et de la globalisation*, Amsterdam, 2014.

JEAN-BAPTISTE DE FOUCAULD, antic responsable de planificació, iniciador de Solidarités nouvelles contre le chômage, de Démocratie et Spiritualité i del Pacte civique, president dels Amis de Pontigny-Cerisy. *L 'Abondance frugale, pour une nouvelle solidarité*, Odile Jacob, 2010.

CHRISTOPHE FOUREL, economista, president de l'Associació dels lectors d'*Alternatives* économiques i responsable del Pôle solidarité de Terra Nova. Especialista en el pensament d'André Gorz. *D'autres monnaies pour une nouvelle prospérité* (dir.), Le Bord de l'eau, 2015.

PAULO FRACALANZA (Brasil), director de l'Institut d'economia de la universitat estatal de Campinas (UNICAMP), São Paulo.

STÉPHANE DE FREITAS, director de cinema (À *voix haute. La force de la parole*) i activista social. És el creador dels programes de presa de paraula Eloquentia i de la xarxa de suport social Indigo.

PHILIPPE FRÉMEAUX, editorialista de la revista *Alternatives* économiques i president de l'Institut Veblen. *Après Macron*, Les Petits Matins, 2018.

EMMANUEL GABELLIERI, filòsof i doctor en filosofia, vicerector d'investigació a la universitat catòlica de Lyon. *Le Phénomène et l'entre-deux. Essai pour une metaxologie*, Hermann, 2019.

JEAN GADREY, catedràtic honorari d'economia a la universitat de Lille. *Adieu à la croissance. Bien vivre dans un monde solidaire*, Les Petits Matins, 2010.

NOEMI GAL-OR (Canadà), catedràtica de política i dret internacional de la universitat politècnica Kwantlen al Canadà. *International Cooperation to Suppress Terrorism*, Routledge, 2015.

VINCENT DE GAULEJAC, catedràtic, president de la Xarxa Internacional de sociologia clínica. *Le Capitalisme paradoxant*, Points-Seuil, 2018.

FRANÇOIS GAUTHIER (Canadà, Suïssa), catedràtic de sociologia de les religions del departament de ciències socials de la universitat de Friburg, Suïssa. *Religion, Modernity, Globalisation. Nation-State to Market*, Routledge, 2020.

SUSAN GEORGE (Estats Units, França), politòloga, presidenta d'honor d'Attac i presidenta del Consell assessor del Transnational Institute. *Les Usurpateurs*, Seuil, 2014.

FRANÇOIS GÈZE, conseller delegat de la editorial La Découverte del 1982 al 2014, membre del Cedetim i de l'associació Algeria-Watch.

CHIARA GIACCARDI (Itàlia), catedràtica de sociologia a la Universitat Catòlica de Milà, directora de la revista Communicazioni sociali. *Social Generativity. A Relational Paradigm for Social Change* (amb Mauro Magatti), Routledge, 2018.

GAËL GIRAUD, economista, membre de la Companyia de Jesús, antic director de l'Agència francesa de desenvolupament. *Illusion financière*, L 'Atelier, 2013.

KATHERINE GIBSON (Austràlia), geògrafa economista, professora a la Western Sidney University, *Take Back the Economy. An Ethical Guide for Transforming Our Communities* (amb Jenny Cameron i Stephen Healy), University of Minnesota Press, 2013.

PASCAL GLÉMAIN, gerent, economista i desenvolupador local (universitat Rennes-2, LiRIS), especialista en economia social i solidària, especialment en associacions i cooperatives. *L'Économie sociale et solidaire, de ses fondements à son «à venir»*, Apogée, 2019.

VINCENT GLENN, director de cinema. Últim film: *Enfin des bones nouvelles*, i autor de *On marche sur la dette* (amb Christophe Alévêque), Points, 2016. Bloguer a Mediapart.

MAJA GÖPEL (Alemanya), catedràtica d'economia política a la Leuphana University Lüneburg, secretària general del German Advisory Council on Global Change. *The Great Mindshift. How a New Economic Paradigm and Sustainability Transformations Go Hand in Hand*, Springer, 2016.

ROLAND GORI, catedràtic honorari de psicopatologia clínica a la universitat d'Aix-Marseille i president de l'Appel des appels [la Crida de les crides]. *La Nudité du pouvoir*, LLL, 2001.

PHILIP GORSKI (Estats Units), catedràtic de sociologia a la universitat Yale, especialista en sociologia de les religions i en sociologia històrica, fundador del Critical Realism Network. *American Covenant. A History of Civil Religion from the Puritans to the Present*, Princeton University Press, 2017.

DANIEL GOUJON, professor titular en ciències econòmiques a la universitat Jean Monnet de Saint-Étienne. *Défaire le capitalisme, refaire la démocratie. Les enjeux du délibéralisme* (amb Éric Dacheux), Érès, 2020.

JEAN-MARIE GOURVIL (Canadà, França), antic director dels estudis a l'Institut regional del treball social (IRTS) de Normandia i consultor en desenvolupament social local. *Se former au développement social local* (avec Michel Kaiser), Dunod, 2013.

DAVID GRAEBER (Estats Units), professor a la London School of Economics and Political Science, antropòleg i militant anarquista. *Bullshit Jobs*, Les Liens qui Libèrent, 2018.

JEAN-ÉDOUARD GRÉSY, antropòleg del dret, va co-fundar el cabinet AlterNego, especialitzat en el management inclusiu i el diàleg social. *La Révolution du don. Le management repensé à la lumière de l'anthropologie* (amb Alain Caillé), Seuil, 2014.

ANDRÉ GRIMALDI, diabetòleg, cap de servei a l'hospital de la Pitié-Salpêtrière. *L'Hôpital malade de la rentabilité*, Fayard, 2009.

JEAN-CLAUDE GUILLEBAUD, escriptor, assagista i periodista, guanyador del premi Albert-Londres. *Le Tourment de la guerre. Pourquoi tant de violence?*, L'Iconoclaste, 2016, mereixedor del «Grand prix de la Société des gens de lettres».

PATRICE GUILLOTREAU, catedràtic d'economia a la universitat de Nantes, especialista de l'economia del mar. *Global Change in Marine Systems* (coed.), Routledge, 2018.

ROBERTE HAMAYON, antropòloga, directora dels estudis honorària a l'École pratique des hautes études, medalla de plata del CNRS. *Jouer*, La Découverte, 2012 (*Why We Play*, HAU Books, 2016).

SARI HANAFI (Palestina), director del Departament de sociologia de la Universitat Americana de Beirut, redactor en cap de Idafat, the Arab Journal of Sociology, president en exercici de la International Sociological Association (ISA) i vice-president de l'Arab Sociological Association. *Palestinian Refugees. Identity, Space and Place in the Levant* (codir. amb Are Knudsen), Routledge, 2010.

KEITH HART (Regne-Unit), especialista en antropologia econòmica, director internacional de l'Human Economy Programm a la universitat de Pretòria a l'Afrique del Sud. *Money in a Human Economy*, Berghahn Books, 2017.

ARMAND HATCHUEL, catedràtic en ciències de la gestió a l'École des mines de París. *Design Theory. Methods and Organization for Innovation* (amb Pascal Le Masson i Benoît Weil), Springer, 2017.

EIJI HATTORI (Japó), professor, conseller del president de la Japan Society for Global System and Ethics. *Letters from the Silk Roads. Thinking at the Crossroads of Civilization* (amb Wallace Gray), University Press of America, 2000.

BENOÎT HEILBRUNN, filòsof i professor a l'École Supérieure de Commerce de París, especialista en cultura material i mediacions mercantils (consum, marca, design, luxe). *L'Obsession du bien-être*, Robert Laffont, 2019.

AXEL HONNETH (Alemanya), filòsof i sociòleg, director de l'Institut de d'investigació social de Frankfurt i professor de la Columbia University (New York). *Kampf um Anerkennung*, Suhrkamp, 1992 (*La lucha por el reconocimiento*, Crítica, 1997).

DICK HOWARD (Estats Units), filòsof, «Distinguished Professor» de la Stony Brook University. *The Marxian Legacy*, Palgrave, 2019.

MARC HUMBERT, catedràtic emèrit en economia política de la universitat Rennes-1, porta a terme una aproximació ètica i política (PEKEA), antiutilitarista (MAUSS), a les activitats econòmiques. *Vers une civilisation de convivialité*, Goater, 2014.

EVA ILLOUZ (Israel, França), sociòloga, directora d'estudis de l'escola de postgrau de Ciències socials. *La Fin de l'amour*, Seuil, 2020.

DANIEL INNERARITY (Espanya), catedràtic de filosofia de la Universitat de Saragossa, escriptor i traductor. *La Société invisible*, Presses de l'université de Laval, 2013.

AHMET INSEL (Turquia), catedràtic emèrit de la Universitat de Galatasaray

(Istanbul). *La Nouvelle Turquie d'Erdogan*, La Découverte, 2017.

FLORENCE JANY-CATRICE, economista, catedràtica. *Faut-il attendre la croissance ?* (amb Dominique Méda), La Documentation française, 2016.

ISABELLE JARRY, novel·lista, assagista, *Vingt-trois lettres d'Amérique*, Fayard, 1995, prix Amerigo Vespucci.

BÉATRICE i JEAN-PAUL JAUD, directors de documentals i militants. Nos enfants nous accuseront (2007), Tous cobayes (2011), Libres (2015), Grande-Synthe (2018).

BOB JESSOP (Regne-Unit), catedràtic de sociologia a la universitat de Lancaster, ha escrit moltes obres sobre la teoria de l'Estat i l'economia política. *The State. Past, Present, Future*, Polity Press, 2016.

ZHE JI (Xina, França), professor de sociologia a l'Institut nacional de les llengües i civilitzacions orientals i director del Centre d'estudis interdisciplinaris sobre el budisme. *Religion, modernité et temporalité. Une sociologie du bouddhisme chan contemporain*, CNRS Éditions, 2016.

HANS JOAS (Alemanya), professor de sociologia a la universitat Humboldt de Berlin i a la universitat de Chicago. *Comment la personne est devenue sacrée. Une nouvelle généalogie des droits de l'homme*, Labor i Fides, 2016.

K. J. JOSEPH (Índia), professor, director del Gulati Institute of Finance and Taxation, Thiruvananthapuram, Kerala, Índia.

STEPHEN KALBERG (Estats Units), professor de sociologia a la universitat de Boston, especialista de Max Weber. *Searching the Spirit of American Democracy. Max Weber on a Unique Political Culture*, Routledge, 2013.

GIORGOS KALLIS (Espanya), professor d'economia ecològica a la Universitat Autònoma de Barcelona. *Limits. Why Malthus Was Wrong and Why Environmentalists Should Care*, Stanford University Press, 2019.

MAKOTO KATSUMATA (Japó), economista, catedràtic emèrit a la universitat Meiji Gakuin (Tokyo), va ser molt de temps president del Centre d'estudis internacionals sobre la pau (Prime) de Tokio. *Conviviality but not Growth* (en japonès), Commons, 2011.

HERVÉ KEMPF, periodista i escriptor francès, antic periodista del Courrier international, de La Recherche i del Monde, actual redactor en cap de Reporterre. *Tout est prêt pour que tout empire. 12 leçons pour éviter la catastrophe*, Seuil, 2017.

FARHAD KHOSROKHAVAR (Iran, França), sociòleg i filòsof, director d'estudis a l'École des hautes études en sciences socials. *Le Nouveau Jihad en Occident*, Robert Laffont, 2018.

SEIICHI KONDO (Japó), diplomàtic, ex-secretari general adjunt de l'OCDE i director del Kondo Institute for Culture and Diplomacy.

ASHISH KOTHARI (Índia), militant mediambiental, fundador de l'ONG Kalpavriksha. *Alternative Futures. India Unshackled* (amb K. J. Joy), UpFront, 2017.

IRÈNE KOUKOUI (Benín), presidenta de la xarxa Femmes leaders du Bénin, coordinadora dels Diàlegs en humanitat al Benín i dels Diàlegs panafricans, directora adjunta del gabinet del ministre de l'Educació al Benín.

JACINTO LAGEIRA, professor de filosofia de l'art i d'estètica a la universitat Paris-1 Panthéon Sorbonne. *L'Art comme Histoire. Un entrelacement de poétiques*, Mimésis, 2016.

KAMAL LAHBIB (Marroc), activista i columna vertebral de la societat civil magribina, creador i/o animador de múltiples ONG, organitzador del Fòrum social Magrib 2005, president del Fòrum de les alternatives delMarroc.

KARIM LAHIDJI (Iran), jurista i advocat, va ser president de la Federació internacional dels drets humans (2013-2016).

ELENA LASIDA, sociòloga, professora a l'Institut catholique de París. *Le Goût de l'autre*, Albin Michel, 2011.

HELENA LASTRES (Brasil), investigadora associada de la Universitat Federal de Rio de Janeiro, antiga assessora del president del Banc Nacional de desenvolupament econòmic i social del Brasil (2007-2016), co-coordinadora del RedeSist, xarxa llatinoamericana d'investigació sobre els sistemes locals de producció i d'innovació.

BRUNO LATOUR, sociòleg, antropòleg i filòsof de les ciències, professor a Sciences Po París. *Où atterrir ? Comment s'orienter en politique*, La Découverte, 2017.

CAMILLE LAURENS, escriptora, docent a Sciences Po París, columnista al diari Le Monde. *Dans ces bras-là*, P.O.L, 2000, premi Femina.

MARC LAUTIER, catedràtic d'economia a la universitat Rennes-2, especialista en articulació entre estratègies de desenvolupament econòmic i globalització, sobretot a l'Àsia. Économie de l'Asie du Sud-Est (amb J.-R. Chaponnière), Bréal, 2019 (2a ed.).

CHRISTIAN LAVAL, catedràtic emèrit de sociologia de la universitat Paris-Nanterre, especialista en història de l'utilitarisme i del liberalisme, membre de l'Institut de Recherche de la FSU. *Commun. Essai sur la révolution au XXIe siècle* (amb Pierre Dardot), La Découverte, 2014.

JEAN-LOUIS LAVILLE, sociòleg, professor, titular de la càtedra economia solidària del CNAM, responsable de la iniciativa d'investigació Democràcia i economia plurals al Collège d'études mondiales (Fondation MSH*). L'Économie sociale et solidaire. Pratiques, théories, débats, Seuil*, 2016.

WILLIAM LAZONICK (Estats Units), catedràtic emèrit d'economia a la universitat del Massachusetts, president de The Academic-Industry Research Network.

CHRISTIAN LAZZERI, professor de filosofia contemporània a la universitat Paris-Nanterre. *Histoire raisonnée de la philosophie morale et politique* (amb Alain Caillé i Michel Senellart, dir.), La Découverte, 2001.

FRÉDÉRIC LEBARON, professor de sociologia a l'École normale supérieure

Paris-Saclay, especialista en sociologia econòmica i en sociologia política. *Empirical Investigation of the Social Space* (en col·laboració), Springer, 2019.

ERWAN LECŒUR, sociòleg i consultor en comunicació política (laboratori Pacte). *Face au FN* (amb Enzo Poultreniez), Le Passager clandestin, 2013.

JACQUES LECOMTE, doctor en psicologia, president honorífic de l'Association française de psychologie positive. *La Bonté humaine*, Odile Jacob, 2014.

CLAUS LEGGEWIE (Alemanya), professor de ciència política a la universitat de Giessen. *Europa zuerst! Eine Unabhängigkeitserklärung*, Ullstein, 2017.

JACQUES LE GOFF, catedràtic emèrit de dret públic a la universitat de Brest i antic inspector de treball, presideix l'Associació Les Amis d'Emmanuel Mounier. *Du silenci à la parole* (prefaci de Laurent Berger), Presses universitaires de Rennes, 2019.

MARTIN LEGROS, filòsof i periodista, redactor en cap de Philosophie magazine.

STEPHAN LESSENICH (Alemanya), professor de sociologia a la universitat Ludwig Maximilian de Munich, president de la German Sociological Association. *Neben uns die Sintflut. Die Externalisierungsgesellschaft und ihr Preis*, Hanser Verlag, 2016.

DIDIER LIVIO, fundador de la societat Synergence, dirigent de Deloitte. *Réconcilier l'entreprise et la société. L'entreprise a-t-elle une vocation politique?*, Eyrolles, 2002.

AGNÈS LONTRADE, professora titular a l'École des arts de la Sorbonne. *Les Valeurs esthétiques du don* (codir.; postfaci d'Alain Caillé), Mimésis, 2019.

HELENA LOPES (Portugal), professora d'economia a l'ISCTE-Institut universitari de Lisboa. *Penser le travail pour pensar l'entreprise* (en col·laboració), Presses des Mines, 2016.

ERIC LYBECK (Regne-Unit), professor de sociologia a la universitat de Manchester, director de la revista Civic Sociology (University of California Press). *Norbert Elias and the Sociology of Education*, Bloomsbury Academic, 2019.

MAURO MAGATTI (Itàlia), professor a la universitat catòlica de Milan, director de Centre for the Anthropology of Religion and Cultural Change (ARC). *Social Generativity. A Relational Paradigm for Social Change* (amb Chiara Giaccardi), Routledge, 2017.

RASIGAN MAHARAJH (Àfrica del Sud), director en cap de l'Institute for Economic Research on Innovation, Tshwane University of Technology, Àfrica del Sud.

GILLES MARÉCHAL, cofundador a «Élan créateur» i consultor de Terralim en sistemes alimentaris locals, també és investigador associat a l'UMR ESO-Espais i societats del CNRS.

FRANCISCA MARQUEZ (Xile), professora a la universitat Alberto Hurtado (Santiago de Xile), especialista en antropologia cultural i urbana.

[Relatos de una] Ciudad trizada. Santiago de Chile, Ocho Libros, 2017.

PAULO HENRIQUE MARTINS (Brasil), professor de sociologia a la universitat federal de Pernambuco, expresident de l'Associació llatino-americana de sociologia. *Itinerarios do dom. Teoria e sentimento,* Ateliê de Humanidades, 2019.

DANILO MARTUCCELLI (Xile-França), exprofessor de sociologia a la universitat Paris-Descartes, membre sènior de l'Institut Universitaire de France, investigador a l'Instituto de estudios avanzados de la universidad de Santiago de Chile. *La Condition sociale moderne. L'avenir d'une inquiétude,* Gallimard, 2017.

GUS MASSIAH, enginyer i economista, un dels animadors del moviment altermundialista, cocreador del Centre d'estudis i d'iniciatives de solidaritat internacional i de l'Associació internacional dels tècnics i investigadors. *Une stratégie de l'altermondialisme* (amb Élise Massiah), La Découverte, 2011.

DOMINIQUE MÉDA, professora de sociologia, directora de l'Institut de Recherche Interdisciplinaire en Sciences Sociales a la universitat Paris-Dauphine. Els seus temes d'investigació són el treball, l'ocupació, les polítiques socials i els indicadors de riquesa. *Les Nouveaux Travailleurs des applis* (amb Sarah Abdelnour, dir.), PUF, 2019.

MARGUERITE MENDELL (Canadà), professora al departament d'assumptes públics i comunitaris de la universitat Concordia a Montreal i directora de l'Institut Karl Polanyi. *Reclaiming Democracy. The Social Justice and Political Economy of Gregory Baum and Kari Polanyi Levitt,* McGill University Press, 2005.

MAURICE MERCHIER, professor honorari de ciències socials en «classes préparatoires» [que dóna accés a les Grandes Écoles]. Autor de nombrosos articles, dirigeix, amb Guy Roustang, l'Encyclopédie du changement de cap (eccap.fr).

PASCALE MÉRIOT, professora-investigadora a la Facultat de ciències econòmiques de Rennes i investigadora del LiRIS. El seu principal camp d'investigació és l'educació, també s'interessa a l'economia social i solidària.

JEAN-CLAUDE MICHÉA, filòsof i assagista, crític amb el liberalisme i amb la identificació del socialisme amb l'esquerra, teòric, en la línia de George Orwell, de la common decency (decència de la gent comuna). *Le Complexe d'Orphée. La gauche, les gens ordinaires et la religion du progrès,* Climats, 2011.

HENRY MINTZBERG (Canadà), escriptor i educador, professor en estudis de management a la universitat McGill (Montreal). *Rebalancing Society. Radical Renewal Beyond Left, Right and Center,* BerretKoehler Publishers, 2015.

PIERRE-OLIVIER MONTEIL, filòsof, investigador associat al Fonds Ricœur, professor d'ètica a la universitat Paris-Dauphine i a l'ESCP Europe. *Ricœur politique,* Presses universitaires de Rennes, 2013.

EDGAR MORIN, sociòleg, filòsof i *mediòleg*, director de recerca emèrit del CNRS, teòric del pensament complex (en els sis volums de La Méthode). *La Voie. Pour l'avenir de l'humanité*, Fayard, 2011.

CHANTAL MOUFFE (Bèlgica, Regne-Unit), filòsofa política postmarxista, professora a la universitat de Westminster (Londres). *Pour un populisme de gauche*, Albin Michel, 2018.

FATOU NDOYE (Senegal), coordinadora dels Diàlegs en humanitat al Senegal i de Pôle Sada (Sistemes alimentaris alternatius sostenibles / Genre).

JULIE NELSON (Estats Units), economista feminista, catedràtica emèrita en economia a la universitat de Massachusetts (Boston), especialista en relacions entre economia, ètica, ecologia i feminisme. *Economics for Humans*, University of Chicago Press, 2018 (2a ed.).

RICHARD NELSON (Estats Units), professor a la universitat Columbia (New York), un dels principals teòrics de l'economia evolucionista. *An Evolutionary Theory of Economic Change*, Harvard University Press, 1982.

PIERRE NICOLAS, filòsof polític. *La Cité de la parole*, L 'Œuvrier, 1991, i el blog «Dépasser les conflits inutiles» (https://pierrenicolas.com).

JUN NISHIKAWA († Japó), va ser professor a la universitat de Waseda, economista polític del desenvolupament i de la globalització, ha coeditat la versió japonesa comentada per diversos autors del primer Manifest convivialista.

OSAMU NISHITANI (Japó), filòsof, catedràtic emèrit a la universitat de les llengües estrangeres de Tokio, professor en estudis transdisciplinaris de la mutació del món contemporani. *Risei no Tankyu* [A la recerca de la raó perduda], Iwanami-Shoten, 2010.

DEBORA NUNES (Brasil), urbanista i arquitecta, cofundadora del Réseau des professionals de l'économie sociale et solidaire (REDE [Xarxa dels professionals de l'economia social i solidària] de Salvador de Bahia) i creadora de l'Escola de la sostenibilitat integral o de l'ecologia integrativa. Coordinadora dels Diàlegs en humanitat al Brasil.

UGO OLIVIERI (Itàlia), professor de literatura italiana a la universitat Frédéric-II de Nàpols. *Il fascino dell'obbedienza. Servitù volontaria e società depressa*, Mondadori, 2013.

PATRICE PARISÉ, enginyer general honorari de ponts i camins forestals [IPEF, Ingénieur des Ponts, Eaux et Forêts], antic vice-president del Consell general del medi ambient i del desenvolupament durable.

ANDREA RICARDO DO PASSO MAGNELLI, sociòleg, professor associat a la universitat de São Bento do Rio de Janeiro (FSB-RJ), director d'Ateliê de Humanidades. *Durkheim, apesar do século. Novas interpretações entre filosofia e sociología*, Ateliê de Humanidades, 2019.

SUSAN PAULSON (Estats Units), professora i directora dels estudis llatinoamericans de la universitat de Florida.

Masculinities and Femininities in Latin America's Uneven Development, Routledge, 2015.

ANTOINE PEILLON, periodista d'investigació, premi «Éthique Anticor» per *Ces 600 milliards qui manquent à la France. Enquête au cœur de l'évasion fiscale*, Seuil, 2012.

CORINE PELLUCHON, professora de filosofia a la universitat Paris-Est Marne-la-Vallée, especialista en ètica aplicada, en qüestió animal (cf. El seu Manifest animalista) i en ecologia política. *Éthiques de la considération*, Seuil, 2018.

LAURA PENNACCHI (Itàlia), economista, directora de la Fondation Lelio Basso i coordinadora del National Economy Forum de la CGIL. *Filosofia dei beni comuni. Crisi e primato della sfera pubblica*, Donzelli, 2012.

ALFREDO PENA-VEGA, sociòleg, professor-investigador a l'École des hautes études en sciences sociales i al Centre Edgar Morin, coordinador del Tribunal Internacional de la natura. *Pourune politique de l'humanité ?* (codir. amb Edgar Morin), Atlantique, 2009.

BERNARD PERRET, sòcio-economista i assagista, membre del comitè de redacció de la revista Esprit, antic membre de la Inspecció general del ministeri d'Ecologia. *La Démarchandisation*, Les Petits Matins, 2015.

JACQUES PERRIN, director de recerca honorari en ciències econòmiques del CNRS. *Pourquoi les sciences économiques nous conduisent dans le mur?*, L'Harmattan, 2011.

PASCAL PETIT, director de recerca emèrit en economia del CNRS, associat al Centre d'economia de la universitat Paris-Nord (CEPN) i a la Maison des sciences de l'homme. *Croissance et richesse des nations*, La Découverte, 2005.

ELIMAR PINHEIRO DO NASCIMENTO (Brasil), professor de sociologia política i mediambiental de la universitat de Brasília. *Trajetória da sustentabilidade: do ambiental ao social, do social ao econômico*. Estud. av. [online]. 2012.

ILARIA PIRONE, psicòloga clínica, psicoanalista, professora de ciències de l'educació de la universitat Paris-8.

GEOFFREY PLEYERS (Bèlgica), professor de la Université Catholique de Louvain, vice-president de l'Associació internacional de sociologia. *Alter-Globalization. Becoming Actors in the Global Age*, Polity Press, 2011.

KARI POLANYI LEVITT (Canadà), catedràtica emèrita d'economia de la universitat McGill (Montreal). Mentre promovia el pensament del seu pare, Karl Polanyi, ha investigat sobre el desenvolupament. *Reclaiming Development. Independent Thought and Caribbean Community*, Randle Publishers, 2005.

SERGE PROULX (Canadà), catedràtic emèrit a l'UQAM (Montreal), especialista en anàlisis de les mutacions contemporànies dels dispositius d'informació i comunicació. *La Contribution en ligne. Pratiques participatives à l'ère du capitalisme informationnel,*

Presses de l'université du Québec, 2014.

ELENA PULCINI (Itàlia), professora de filosofia social de la universitat de Florència, especialista en teoria de les passions i dels sentiments a l'època moderna. *The Individual without Passions. Modern Individualism and the Loss of the Social Bond*, Lanham, 2012.

P . V . RAJAGOPAL (Índia), activista gandià, ex-president de la Gandhi Peace Foundation (Nova Deli), membre fundador i president d'Ekta Parishad, organitzador de la campanya Jai Jagat 2020, arribada prevista a Ginebra el 26 de setembre del 2020.

HENRI RAYNAL, poeta, filòsof i crític d'art. *Cosmophilie. Nouvelles locales du tout*, Cécile Defaut, 2016.

MICHEL RENAULT, professor-investigador de la universitat Rennes-1, treballa sobre els indicadors de benestar i de desenvolupament durable. *Contributeur au Bonheur. Dictionnaire historique et critique*, Michèle Gally (dir.), CNRS Édition, 2019.

YVES RENOUX, professor d'Educació física i esportiva i formador a la Fédération sportive et gymnique du travail.

ROBIN RENUCCI, director dels Tréteaux de France [centre dramàtic nacional itinerant], president de l'associació dels Centres dramàtics nacionals i president de l'associació de les Trobades internacionals artístiques.

MYRIAM REVAULT D'ALLONNES, filòsofa, teòrica de la democràcia, catedràtica emèrita a l'École pratique des hautes études, *La Faiblesse du vrai*, Seuil, 2018.

EMMANUEL REYNAUD, sociòleg, antic alt funcionari del Bureau International du Travail, ha escrit i coordinat obres sobre la protecció social, les pensions per jubilació, la igualtat entre sexes i la crítica de la virilitat.

MATTHIEU RICARD, biologista, monjo budista tibetà, fotògraf, intèrpret del Dalai-lama en francès, fundador de l'associació humanitària Karuna-Shechen. *Plaidoyer pour l'altruisme*, Nil, 2013.

MARIE-MONIQUE ROBIN, periodista d'investigació, directora de cinema i escriptora francesa, premi Albert Londres. *Le Roundup face à ses juges*, La Découverte, 2017.

HARTMUT ROSA (Alemanya), professor de sociologia de la universitat de Jena. *Resonance. A Sociology of Our Relationship to the World*, Polity Press, 2019.

GUY ROUSTANG, antic director de recerca del LEST-CNRS, corresponsal de «l'Encyclopédie du changement de cap» (eccap.fr). *Démocratie: le risque du marché*. Desclée de Brouwer, 2012.

MARSHALL SAHLINS (Estats Units), antropòleg, catedràtic emèrit de la universitat de Chicago. *On Kings* (amb David Graeber), HAU Books, 2017.

EMERSON SALES (Brasil), professor de física i química de la Universitat Federal de Bahia, coordinador de Rede de Tecnologias Limpas, i del Laboratório de bioenergia e catálise.

ARIEL SALLEH (Austràlia), investigadora-activista australiana, professora de la universitat de Sydney. *Ecofeminism as Politics*, Zed Books, 1997.

CHRISTIAN SALMON, escriptor i investigador, antic assistent de Milan Kundera, fundador en 1993 del Parlament internacional dels escriptors i de la Xarxa internacional de ciutats refugi (per acollir els escriptors perseguits en els seus països). *L'Ère du clash*, Fayard, 2019.

SASKIA SASSEN (Països-Baixos, Estats Units), economista i sociòloga, professora de la universitat Columbia (Nova York) i de la London School of Economics. *Expulsions. Brutality and Complexity in the Global Economy*, Harvard University Press, 2014.

OLIVIER DE SCHUTTER (Suïssa), professor de dret de la universitat de Lovaina, membre del Comitè pels drets econòmics, socials i culturals (ONU). *Reflexive Governance. Redefining the Public Interest in a Pluralistic World*, Hat Publishing, 2010.

BLANCHE SEGRESTIN, professora de gestió a l'École des mines de París. *Refonder l'entreprise* (amb Armand Hatchuel), Seuil, 2012.

JEAN-MICHEL SERVET, economista, professor honorari en estudis del desenvolupament a l'Institut de hautes études internationales et du développement (Ginebra), especialista en pràctiques solidàries de l'economia i de les finances i de la història del pensament. *L'Économie comportementale en question*, Charles Léopold Mayer, 2018.

PABLO SERVIGNE, enginyer agrònom, doctor en ciències de la Université Libre de Bruxelles, periodista i assagista col·lapsòleg. *Comment tout peut s'effondrer. Petit manuel de collapsologie à l'usage des générations présentes* (amb Raphaël Stevens), Le Seuil, 2015.

HUGUES SIBILLE, president del Laboratori de l'École sociale et solidaire i de la Fondation Crédit coopératif, antic delegat interministerial. *La Grande Promesse*, Rue de l'Échiquier, 2016.

SIDDHARTA (Índia), fundador i director del centre intercultural Fireflies (un ashram) a Bangalore i administrador executiu de Pipal Tree, ONG militant al servei dels agricultors indis pobres, promovent el diàleg intercultural, en especial amb joves de països occidentals.

ILANA SILBER (Israel), catedràtica emèrita de sociologia de la universitat Bar Ilan. *Cultural Traditions and Worlds of Knowledge. Explorations in the Sociology of Knowledge* (amb S. N. Eisenstadt, dir.), JAI Press, 1998.

DAMIR SKENDEROVIC (Suïssa), professor d'història contemporània de la universitat de Friburg, especialista en la dreta radical. *The Radical Right in Switzerland. Continuity and Change, 1945-2000*, Berghahn Books, 2009.

GUILLAUME DU SOUICH, pintor, antic copresident i portaveu del Moviment per la Pau.

BOAVENTURA DE SOUSA SANTOS (Portugal), sociòlegs del dret, professor de la Facultat d'economia de la universitat de Coïmbra, director del

Centre d'estudis socials. *The End of the Cognitive Empire*, Duke university Press, 2018.

FRÉDÉRIC SPINHIRNY, filòsof, professor titular de l'hospital universitari Necker-Enfants malades (París). *Hôpital et modernité*, Sens & Tonka, 2018.

ROBERT SPIZZICHINO, enginyer urbanista, membre del «Conseil de développement de la métropole du Grand Paris», president de l'associació Carma Gonesse/Pays de France. *De la ville en politique*, L'Harmattan, 2011.

ROGER SUE, sociòleg, professor de la Université de Paris, investigador del Centre de recerca en lligams socials, administrador de la Fonda. *La Contre-Société*, LLL, 2017.

BRUNO TARDIEU, voluntari permanent d'«ATD Quart Monde», director del Centre de memòria i de recerca Joseph Wresinski. *Les pauvres sont nos maîtres* (amb D. Jousset i J. Tonglet), Hermann, 2019.

ANDRÉ TEISSIER DU CROS, enginyer, economista i escriptor, president honorari del Comitè Bastille. *La Taxe sur l'actif net ou impôt progressif sur le patrimoine dormant. Pourquoi il faut taxer le patrimoine et non plus le revenu* (en col·laboració; prefaci de Corinne Lepage), L'Harmattan, 2016.

MICHEL TERESTCHENKO, filòsof, professor titular de la universitat de Dijon i de Sciences Po Aix-enProvence. *Un si fragile vernís d'humanité. Banalité du mal, banalité du bien*, La Découverte, 2007.

BRUNO THÉRET, economista, director de recerca emèrit del CNRS. *Système fiscal de paiement complémentaire. Un dispositif pour renverser l'hégémonie* (amb Thomas Coutrot), Revue française de socio-économie, n.º 22, 2019.

JACQUES TOLEDANO, militant ecologista, animador de l'associació «Les Amis du Monde diplomatique» (Grenoble).

CATHERINE TOUVREY, mutualista, directora general d'Harmonie Mutuelle, directora assegurança i protecció financera del grup de protecció social, mutualista i solidària. VYV.

SERGE TRACQ, professor d'Educació Física i Esportiva i formador de la «Fédération sportive et gymnique du travail».

FLORENT TROCQUENET-LOPEZ, professor de literatura en «classes préparatoires», periodista i columnista de la revista *Socialter*, novel·lista. *La Nature* (amb Véronique Anglard), Dunod, 2015.

PATRICK TUDORET, novel·lista i assagista. *Petit traité de bénévolence*, Tallandier, 2019.

JEAN-JACQUES TYSZLER, doctor psiquiatra i psicoanalista, metge director del centre medicopsicopedagògic de la Mutuelle Générale de l'Éducation nationale (París).

FRÉDÉRIC VANDENBERGHE (Bèlgica, Brasil), sociòleg instal·lat al Brasil després d'haver treballat a Anglaterra i als Estats Units, actualment professor de la universitat federal de Rio de Janeiro. *Le Réalisme critique. Une nouvelle ontologie pour la sociologie* (amb Margaret Archer), Le Bord de l'eau, 2019.

JEAN-FRANÇOIS VÉRAN (França, Brasil), antropòleg, professor de la universitat federal de Rio de Janeiro, col·labrador regular de Médecins sans frontières. *L'Esclavage en héritage (Brésil). Le droit à la terre des descendents de marrons,* Karthala, 2003.

JEAN-LUC VEYSSY, filòsof, dirigeix l'editorial Le Bord de l'eau. *Femmes en politique dans le monde. Angela, Michelle, Ségolène et les autres...* (amb Bernard Collignon), Le Bord de l'eau, 2007.

BRUNO VIARD, catedràtic emèrit de literatura francesa de la universitat d'Aix-en-Provence, entrecreua literatura, antropologia, psicologia, política a partir de Marcel Mauss, Pierre Leroux, Paul Diel. *Amour-propre. Des choses connues depuis le commencement du monde,* Le Bord de l'eau, 2015.

DENIS VICHERAT, director de l'editorial Utopia (www.editions-utopia.org), segell independent profundament compromès amb l'ecologia política i l'altermundialisme. També és coanimador del moviment Utopia i ha coordinat la redacció del Manifest Utopia, 2012.

PATRICK VIEU, alt funcionari, conseller de la vicepresidenta del «Conseil general de l'environnement et du développement durable» del Ministeri per la Transició ecològica i solidària.

DANIEL VILLAVICENCIO (Mèxic), professor de sociologia de la innovació de la Universidad Autónoma Metropolitana de México. *Algunas lecciones del programa de fomento a la innovación en México,* Administración Pública y Sociedad, 2017.

JEAN-LOUIS VIRAT, expert-comptable jubilat, animador del Laboratori de la transició, d'Écologie au quotidien, de Libr'acteurs i de diverses associacions dedicades a l'educació a la ciutadania i a l'ajuda als migrants.

PATRICK VIVERET, filòsof, magistrat honorari del Tribunal de Comptes. *La Cause humaine. Du bon usage de la fin d'un monde,* LLL, 2012.

NATHANAËL WALLENHORST, professor titular i investigador de la Université Catholique de l'Ouest (Angers). *L'Anthropocène décodé pour les humains,* Le Pommier, 2019.

JULIETTE WEBER, responsable dels estudis i de la recerca a l'Observatori del grup Macif – camp Assumptes públics. *L'Idée même de richesse* (amb Alain Caillé), La Découverte, 2012.

CHICO WHITAKER (Brasil), arquitecte, militant del Partit dels treballadors del Brasil, cofundador del Fòrum Social Mundial, antic secretari executiu de la comissió Justícia i Pau al Brasil, ha rebut el Right Livelihood Award el 2006. *Changer le monde. [Nouveau] mode d'emploi,* L'Atelier, 2006.

HITOSHI YAKUSHIIN (Japó), professor de sociologia a la universitat Tezukayama Gakuin (Osaka), analista de la democràcia. *Shakai-shugi-no-gokai-toku* («Résoudre l'incompréhension du socialisme»), Paperback Shinsho, 2011.

JOËLLE ZASK, filòsofa política, professora de la universitat d'Aix-Marseille. *Quand la forêt brûle. Penser la nouvelle catastrophe* écologique, Premier Parallèle, 2019.

VALÉRIE ZENATTI, escriptora, guionista. *Dans le faisceau des vivants,* L'Olivier, 2019.

LUN ZHANG (Xina-França), sociòleg, co-organitzador de les manifestacions de la plaça Tian'anmen (1989), professor de civilització xinesa la universitat de Cergy-Pontoise i a l'EHESS sobre la modernitat xinesa, la transició i la reforma a la Xina. *La Chine désorientée. Cinq ans d'histoire contemporaine* (amb Aurore Merle), Charles Léopold Mayer, 2018.

JEAN ZIEGLER (Suïssa), home polític i sociòleg altermundialista, vice-president del comitè consultiu del Consell dels drets humans (ONU). *Le Capitalisme expliqué à ma petite-fille (en espérant qu'elle en verra la fin),* Seuil, 2018.

LUIGI ZOJA, psicoanalista, sociòleg i escriptor, antic president del Centro italiano di psicologia analítica (1984-1993) i de la International Association of Analytical Psychology (1998-2001). *Paranoia. La follia che fa la storia,* Bollati Boringhieri, 2011 *(Paranoïa. La folie qui fait l'histoire,* Les Belles Lettres, 2018).

El fin de las pequeñas historias
Eduardo Grüner

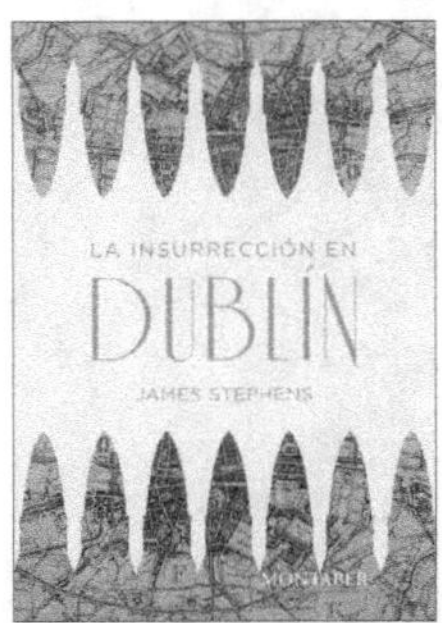

La insurrección en Dublín
James Stephens

Gráfica cooperativa en Barcelona. Iconografía del cooperativismo obrero (1875-1939)
Marc Dalmau

Una partida de ajedrez
Stefan Zweig

La economía social y solidaria en Barcelona
Anna Fernández i Iván Miró

Economías transformadoras de Barcelona
Rubén Suriñach

El entramado
Christian Ferrer

Historia de los Pioneros de Rochdale
Georges Jacob Holyoake

Apocalipsis
Karl Kraus

Los estudios culturales
Fredric Jameson

El barri de la Perona. Barcelona 1980-1990
Esteve Lucerón i Àngel Marzo Guarinos

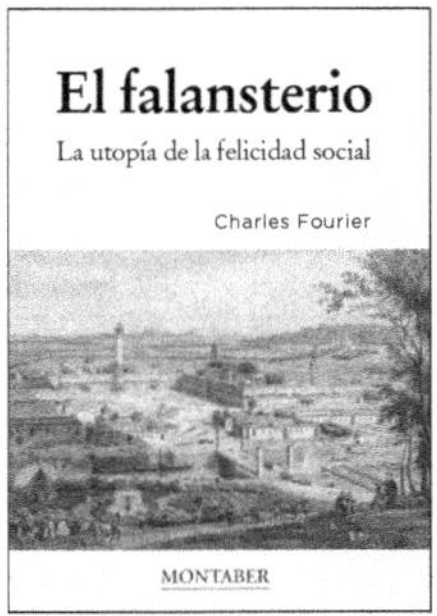

El Falansterio
Charles Fourier

MONTABER   València, 558 – 08026 Barcelona – Tel. +34-931 429 486 – montaber@montaber.es – www.montaber.es